한알의 밀알 66

교회야! 라이너스랑 놀자
다르게 생각하는 교회학 공부

이성우 지음

신앙과지성사

추천사

미래를 보는 뿌듯한 글에 도전받는다

정연수 목사 (효성중앙교회)

　종교사회학자의 글이라고 하기에는 왠지 낯설다. 저자가 신학교 출신이고 목사인 점을 고려하더라도 사회학자인데 이런 글을 쓰다니? 의외다. 이론 신학자가 쓴 글이라 해도 될 듯하다. 사람을 움직이게 하는 힘이 신앙이라는 저자의 주장에는 공감하면서도 도발적이라는 느낌을 지울 수 없다. 있는 그대로를 그냥 받아들이지 않고 한 번 더 생각하게 만든다는 데서 저자의 남다른 면을 느끼게 한다.

　저자는 자유롭게 쓴 글이라 하나, 읽기에는 그렇지 못하고 부담스럽다. 긴장하며 행간의 의미를 꼼꼼히 따져보면서 읽어야 한다. 30년 넘게 목회하는 나로서도 공감하면서도 도전받는다. 저자가 말하는 '교회학'이 새롭기도 하지만 교회와 목회를 좀 더 체계적으로 조명한다는 점에서 미래 교회를 세우는 데 도움이 된다고 여겨진다.

　목회자를 '교인과 함께 살아가는 신학자'라는 주장에는 여태 가지지 못했던 뿌듯함을 느낀다. 위기에 놓인 목회자의 정체성을 강화하고 세우는 데 도움이 된다. 교회가 지역사회를 향한 영적 보루라는 주장에서 교회 미래를 보는 듯하다.

추천사

또다른 차원의 교회 관찰 이론

이광섭 목사 (전농교회)

2019년 「강단과 목회」에 실은 "교회학"을 읽으면서 새롭다고 느꼈다. 저자를 만나 이야기를 나누며 교회를 다른 차원에서 관찰하는 기회를 가질 수 있겠다고 생각했다. 저자에게 교회 컨설팅을 맡겨보고 싶었지만, 여건이 되지 않아 아쉬웠다.

녹색교회를 펼치는 전농교회는 저자가 말하는 지역사회 안에 있는 교회의 모델이라 여겨진다. 교회를 지역사회의 종교성과 역사와 문화가 어우러진 공간이라고 하는 저자의 주장은 놀랍다. 도시화와 재개발로 인해 지역사회와 교회의 연결점이 차츰 사라지는 현실에서 이 책은 지역 교회로서의 정체성을 세우는 이론적 토대를 제공한다.

지역선교의 동력을 잃어가는 교회에 선교 필요성을 재차 느끼게 해줄 뿐만 아니라, 세대 차이로 인해 교회 문화가 달라지고 있는 상황에서 교회 안에서의 활동을 재고하게 만들어 준다. 빠르게 확장하는 개인주의 문화를 '사사주의'(privatism)를 넘어 '나만의주의'(mineism)라는 개념으로 설명하는 저자의 창의성이 놀랍다.

추천사

목회 일상 경험에서 출발하는 '교회학'

백용현 목사 (한빛교회)

저자가 말하는 신앙과 신앙공동체, 교회와 교인, 그리고 지역사회와 주민 등에 관한 개념은 전통적이지 않다. 그렇다고 전혀 낯설지도 않고 충분히 공감하는 내용이다. 지금까지 생각하지 않은 다른 관점이라 여겨진다. 저자는 그것을 학문적으로 '교회학'이라 부른다.

교회학을 강의실이 아닌 교회 현장에서 겪는 목회의 일상 경험으로부터 시작한다는 점은 신학이 뭔지를 다시 생각하도록 한다. 그런 점에서 목회자를 '교인과 함께 살아가는 신학자'라는 주장에 정말 공감한다. 설교로 교인에게 삶의 의미를 부여한다는 내용에서 설교의 중요성이 새삼 느껴진다.

교회의 위기, 목회의 위기라고 다들 아우성치는 요즈음, 그것들을 기존의 관점과 함께 새롭게 조명할 기회를 제공하는 책이라 반갑다. 종교사회학자의 눈으로 교회가 지역사회 안에 있어야 하는 이유를 제시하는 노력이 고맙다. 또한 저자가 목회자로서 교회와 사회, 목회를 향한 열정을 펼쳐가는 여정에 기도로 힘을 보탠다.

책 머리에

다르게 생각하는 교회학

먼저 라이너스(Linus)는 내 영어 이름이다. '성우'보다는 라이너스를 좋아한다. 내가 내 이름을 짓는 별스러움도 있고 슐츠(Charles M. Schulz)의 만화 피너츠(Peanuts)의 캐릭터인 라이너스가 가지고 다니는 담요(Linus' blanket)도 따뜻하니까. 촌스럽게 '리누스'라 부르지 말아달라.

2002년 봄, 하트퍼드신학교에 입학하면서 미국에 간 지 7년이 지나서야 공부를 시작했다. 그동안 하우스 허즈번드로 아이 셋을 키웠다. 같은 해 여름, CSI(Congregational Studies Institute)를 수강했다. 교회학 강의였다. 수강자들은 주로 신학대 교수나 교회 컨설턴트였다. 유일한 대학원생이자 비영어권 수강자는 나 혼자뿐이었다. 한 주간 수업이었고 인원은 정확히 기억나지 않지만, 대략 15~16명 정도였다. 강사는 앰머만(Nancy Ammerman), 루젠(David A. Roozen), 더들리(Carl Dudley), 텀마(Scott Thumma)로 다들 하트퍼드신학교 교수들이었다.

내가 감리교신학대학교에서 석사학위 논문의 이론적 토대로 사용했던 책(Understanding church growth and decline, 1950~1978)의 저자가 루젠이었고 더들리 교수의 책도 있었는데, 그들을 만날 거라는 생각은 전혀 못 했었다. 젊은 교수인 스캇이 내 지도교수가 되었다.

스캇이 미국의 대형 교회에 관한 논문으로 박사학위를 받았기에 나는 그것을 개인 수업으로 요구했다. 그런 인연으로 수업 과제가 석사학위 논문(루젠과 텀마가 주심이었다)으로, 감신대에서 박사학위 논문으로 이어졌다.

하트퍼드신학교에서 전공은 Congregational Studies였다. 직역하면, '회중연구'이다. congregation이라는 단어는 집단에 소속한 사람의 활동을 뜻한다. 교인이라는 단어보다는 회중이라는 단어를 좋아하지만, 회중은 너무나 오래된 단어이므로 우리에게 친숙한 단어인 '교인'을 채택한다. congregation의 의미는 한 사람 개인뿐만 아니라 여러 사람으로 구성된 집단에서 일어나는 현상 모든 것을 포괄하므로, 교인이라는 단어로 그런 의미를 다 포함하기는 한계가 있다.

따라서 회중과 교인 대신 '교회'라는 단어를 사용하려니 우리에게는 교회 건물이 연상된다는 아쉬움도 있다. 그래도 '교회'라는 단어가 더 타당하다고 여겨진다. 그래서 '교회 연구'라고 번역했고 그 후 '교회학'이라 부른다.

하트퍼드신학교에서 공부하면서 나는 다른 차원을 경험했다. 혼돈의 기간을 거치며 학문했던 20대 시절과는 차원이 달랐다. '경직된 학문하기'와는 다르게 자유로움이 있었고, 같은 현상을 여러 방향의 관점으로 바라볼 방법을 터득했다.

학기마다 종교사회학과 교회학 과목을 하나 혹은 둘만 수강하면서, 규모가 작은 백인 교회에서 목회했었기에 파트타임으로 공부할 수 있었고, 강의 계획서에 없는 책들도 읽었다. 그때의 5년이 내 생애에서 가장 책을 많이 읽었던 시절이었다.

2007년에 석사학위를 끝내고 박사 과정을 바로 시작하기보다 목회하고 싶은 마음이 더 컸기에 한인 2세들을 위한 교회 개척을 준비했었다. 하지만 여러 사정으로 인해 막히면서 힘든 시간을 보냈다. 교회 컨설팅을 하기 위해 한국에 왔으나, 박사학위가 없으면 할 수 있는 일이 없다는 현실을 깨닫고 2010년에 감신대학원에 입학했다.

2017년 졸업한 후에 동 신학교에서 시간강사로 강의했고, 2019년에는 두 달마다 발행하는 도서출판 kmc의 「강단과 목회」에 여섯 번에 걸쳐 한국에 '교회학'을 처음으로 소개했다. 2022년부터 2023년 사이 인터넷 신문〈뉴스엠〉에 위의 내용을 자유로운 형식으로〈라이너스 '교회 이해'〉라는 타이틀로 두 주 간격으로 24회 연재했다.

『교회야! 라이너스랑 놀자』를 학문 체계로 따지자면 '교회학 입문서'에 해당한다. 흔히 개론서라는 딱딱한 단어가 주는 무게에서 벗어나고자 쉬운 표현을 사용했다. 그냥 읽으면 되고, 읽으면서 생각하면 된다는 관점에서 이렇게 제목을 달았다.

책 구성의 앞쪽에는 라이너스 '교회 이해'를 두었고, 뒤에는 '교회학'을 두었다. 중복되는 내용이 많고 뒤의 내용이 앞보다 매우 딱딱하게 느껴질 수 있다는 점을 양해해 주길 바란다. 그리고 각주로 소개하는 책들을 읽어보길 추천한다.

책 제목에 '라이너스'라는 이름을 붙인 이유는 내가 생각하는 교회에 관한 여러 다른 주장을 담고 있기 때문이다. 사람을 움직이는 힘이 신앙공동체나 지역사회 등이기에 그렇다. 어쩌면 숨겨둔 의도로, 나처럼 약간 남다르게 생각하는 이들에게는 교회를 기존의 생각이 아니더라도 혹은 달라도 괜찮다며 어르고 달래려는 마음에서다. 나보다 젊은 세대에게는 그런 시도가 당연하게 여겨져야 한다는 것이 내 주장이다.

그러기에, 『교회야! 라이너스랑 놀자』는 교회가 뭔지에 관해 생각하기를 담은 책이다. "교회는 이래야 해, 저래야 해"라는 고정된 통념에 "정말, 그래야 해?"라고 묻는다. 읽는 이가 "정말, 그렇구나"라고 느낀다면 '됐다' 그러면 된다. '그리고 다음은 뭐지?'라는 생각이 든다면 나중에 하자. 책을 읽으며 큰 발걸음을 내딛지 않았는가! 계속 생각하기 힘들면 쉬어야 한다.

『교회야! 라이너스랑 놀자』는 내가 계획하는 교회학 시리즈 3권 중에 첫 번째에 해당한다. 두 번째는 보웬(Murray Bowen)의 가족체계이론 8개념(핵가족 정서 체계, 자기분화의 척도, 삼각관계, 단절, 가족 투사 과정, 다세대 전수 과정, 형제자매 위치, 사회적 정서 과정)을 가지고 한 교회를 분석하는 내용인데 2028년경 출판하려고 한다.

마지막은 교회에서 겪는 일들을 6범주로 분류해 범주마다 8개 소주제로 나눠 소개하는 책으로 현재 자료를 수집하고 있다. 예를 들면,

교회에서 생기는 갈등에는 어떤 유형이 있는지, 유형마다 어떻게 전개되고 끝나고 다시 발생하는지, 그 이유와 배경은 무엇인지? 이런 내용을 담는다. 아마도 2030년이 넘어야 할 듯하다.

책이 출간될 때마다 옆에서 도움을 주신 분들에게 고마움을 전한다. 출판해 주신 최병천 대표는 나에게 늘 고마운 분이시다. 졸고와 씨름을 해주신 '신앙과지성사'의 직원들에게도 감사의 마음을 전한다. 책이 많이 팔려 그들에게 도움이 되고, 나 또한 월세 신세를 벗어나야 할 텐데, 걱정이다. 이럴 때마다 하나님은 나에게만 무심하다며 원망을 해보지만 그런 나에게 하나님은 열불내지 않으신다. 나 같으면 한소리 해야만 성이 차는데…

열불을 내서라도 하나님께 잘 보이고 싶은 마음도 없지 않다. 오히려 멍때리시는 하나님이 정겹다. 교활해지는 나를 모른 척하시는 하나님이 고맙다. 하나님은 나만 미워한다며 투정하는 나를 스스로 돌이켜보면서 '나 때문에 하나님도 힘드실 거야' 하며 혼잣말로 투덜거린다.

서평 해주신 효성중앙교회 정연수 목사님과 전농교회 이광섭 목사님, 대전 한빛교회 백용현 목사님께 감사드린다. 신학교 선배들의 목회를 보면 나에게 도전이라는 목표가 생긴다. 그들은 후기 산업사회에서 종교성을 지켜가는 목회를 하고 탈전통화 시대에서 교회의 정체성을 세워가는 목회를 한다. 색은 달라도 내 눈에 비친 세 분의 목회는 그

농도가 다르지 않아 보인다. 겉으로 드러난 교회 양태는 전혀 다른데 목회는 다르지 않다는 주장을 듣는 이들은 어떻게 받아들일까? 내 머리카락은 더 하얘진다.

끝으로 『교회야! 라이너스랑 놀자』를 통해 또 다른 생각에 도전하는 독자 여러분에게 고마운 마음으로 다음 책, 『함께 살려면: 기독교인이 하는 12가지 착각에서 벗어나기』를 힘껏 준비하겠다는 다짐을 하면서 독자들의 많은 관심을 기대한다.

2025년 2월
새봄을 기다리며
이성우

차례

추천사/ 정연수, 이광섭, 백용현·3

책머리에/ 다르게 생각하는 교회학·6

제1부   라이너스와 함께하는
           교회학 공부

1장 교회학은 무엇인가
    1. 교회학 이해·17
    2. 교회학을 왜 배워야 하는가?·22
    3. 목회자의 정체성: 교인과 함께 살아가는 신학자·26

2장 신앙은 무엇인가
    4. 신앙이란·31
    5. 왜 신앙인가?·35
    6. 삶의 바탕인 신앙·40

3장 유기체로서의 교회
    7. 왜 교회인가? 교회의 필요성·45
    8. 교회를 이해하는 방법들·50
    9. 영적 보루인 교회·54

4장 신앙공동체란 무엇인가
    10. 신앙공동체 형성·59
    11. 신앙공동체는 왜 필요한가?·63
    12. 생활신앙: 신앙으로 삶을 말한다·68

5장 교회 조사 방법	13. 지역사회 안에 있는 교회·72
	14. 교회를 알리는 문화: 교회 문화·77
	15. 교회는 어떤 절차를 거치는가: 교회 과정·81
	16. 교회의 자원: 누구를 위해 무엇을 하는가?·85
	17. 교회의 리더십·89
	18. 교회와 교인에게 감춰진 이면의 역동력·94
6장 지역사회를 향한 선교	19. 선교를 향한 지역사회 이해·99
	20. 지역선교를 왜 해야 하는가?·104
	21. 선교의 장(場)인 지역사회·109
7장 지역선교 발판인 교회	22. 우리 교회에 맞는 지역선교·114
	23. 지역선교를 향한 교회의 정체성: 영적 보루인 교회·118
	24. 살맛 나는 교회와 신명 나는 목회·123

제II부 교회학 연구

1장 교회학이란?·131	2장 교회의 환경·141
3장 교회의 문화·152	4장 교회의 과정·163
5장 교회의 자원·174	6장 교회의 리더십·185

참고도서·196

제1부

라이너스와 함께하는
교회학 공부

1장 교회학이란 무엇인가?

1. 교회학 이해

교회학 이해에서 독자가 가장 먼저 고려해야만 하는 개념은 '교회'이다. 대다수 독자는 조직신학 혹은 선교학 등의 신학 영역에서 교회가 무엇인지를 잘 알고 있다. 감리회 신앙고백에 있는 교회론에는 "우리는 예배와 친교, 교육과 봉사, 전도와 선교를 위해 하나가 된 그리스도의 몸인 교회를 믿습니다"라고 되어 있다. 그것에 관한 이야기는 나중에 하겠으나, 지금은 교회론이 있다는 정도로 해두자. 여기에서 글쓴이가 제안하는 교회에 관한 이해는 신학적이지 않고 '조직체로서의 교회'이다. 두 번째는 '사회 안에 있는 교회'이다.

우선 조직체로서 교회란 무엇인가? 우리가 활동하는 사회 안에는 여러 조직이 있다. 가족, 학교, 직장, 정당, 동우회, 교회, 절, 성당 등 다양한 조직들이 각자의 목적을 위해 존재한다. 교회는 그런 조직 중 하나이다. 교회가 사회에 존재하는 조직이라는 주장에는 사람이 중심에 있다. 이런 전제가 낯설게 여겨지는 이들도 있을 듯하다. 분명 그런 주장은 신학적 충돌을 일으킬 수 있다. 다만, 이 책이 신학적 주장을 하고자 하는 취지가 아니라는 점과 글쓴이가 신학자가 아니라 종교사회학자라는 점도 더불어 기억해 주길 간곡히 바란다.

두 번째 전제로서 교회는 사회 안에 있다. 교회를 다니고 신학교육을 받은 독자에게 은연중에 고착된 사실이 있다. 바로 '교회는 세상 위(밖)에 있다'라는 신앙고백이다. 교회와 세상이라는 이분법적 이해나 복잡한 신학적 해석이 있겠으나, 아주 단순하게 생각하자. 현재 여러분이 목회하거나 출석하는 교회는 지역사회 안에 있다. 지역사회를 하나의 공간으로 생각하면, 그 안에 무엇이 있는지 알아볼 수 있다. 교회도 있고, 상가도 있고, 집들, 그 외에도 여럿이 있다. 그런 차원에서 교회는 사회 속에 있다. 신학적 접근이 아니라는 점을 꼭 기억하자. 따라서 정리하면, '교회는 사회 안에 있는 조직체'이다.

다음으로 중요하게 여겨야 하는 개념은 '사람'이다. 좀 더 구체적으로 말하면 교인이다. 목회자가 평소 늘 만나는 사람은 교인이다. 목회자는 교인들의 일거수일투족을 알고 있다. 그들의 희로애락에 반응하면서 힘들어하기도 하고 기뻐하기도 한다. 목회자에게 교인은 누구인가? 교인과의 관계는 무엇일까? 아마도 이런 물음에 목회자는 교인의 반응에 따라 만감이 교차한다. 왜 그럴까? 목회자마다 다르겠지만, 가장 쉬운 답은 얽히고설킨 애증 관계가 아닐까? 정리하면, 목회자에게

'교인은 삶 그 자체'라 말할 수 있다.

교회라는 공간 안에서 목회자는 교인을 만난다. 목회자와 교인은 교회라는 제한된 공간 안에서 관계를 형성한다. 목회자를 교회(조직) 안에 있는 사람으로, 기능적 역할로 정의한다면 낯설까? 다르게 말해서 조직에서 목사와 평신도에게 기능적 역할의 분담이 있다고 정의한다면, 그것이 목회자의 권위에 생채기를 낼까? 글쓴이의 이런 설명이 조금 불편하더라도 여러분은 너그러운 마음으로 받아주기를 바란다. 정리하면, 목회자는 사회 안에 있는 교회에서 교인을 만난다. 그렇다면, 교인에게 그런 정의는 어떻게 받아들여질까?

교인들이 생활하고 활동하는 공간은 어딘가? 교인들은 교회뿐만 아니라 가정, 직장, 정당, 동우회 등 여러 곳에서 활동한다. 교인의 활동 공간은 목회자와는 전혀 다르게 너무나 광범위하다는 사실을 알 수 있다. 목회자는 활동 범위가 거의 교회지만, 교인들에게 교회는 활동 범위의 일부일 뿐이다. 당연한 사실이지만, 활동 영역의 차이로 인해 목사와 교인은 책임감이나 권한, 역할 등이 다를 수밖에 없다. 교인은 교회뿐만 아니라 다른 여러 조직에서도 활동하기 때문에 교회 활동만을 중요하게 여기지 않을 수 있다. 즉, 그들에게 교회는 하나의 선택이다.

지금까지 설명에서는 가장 중요한 개념을 이야기하지 않았다. 바로 신앙이다. 신앙적 관점에서 교회와 사람을 다시 짚어보자. 여러분은 당연히 교회에는 신앙이 있고 교회는 신앙을 가진 사람들이 모인 곳이라 여긴다. 그렇다면, 신앙이 없어도 교회는 존재할 수 있는가? 신앙 없는 사람도 교회에 다닐 수 있는가? 신앙이 무엇인지 하는 조직신학적 물음을 여기에서는 다루지 않는다. 여러분은 두 번째 물음이 가능하다고 하겠으나 첫 번째는 아니라고 대답할 듯하다. 따라서, 다음과 같이 정의할 수 있다. 교회에 신앙이 없으면, 교회가 아니다. 교회학(조직신학이 아닌)은 바로 그 정의에서 시작한다. 교회학은 신앙으로 모인 사람의 조직을 교회라 부른다.

 신앙이 교회 안에서 생겨나고 활동하며 생동감을 가지기도 하고 때로는 약해지기도 한다는 점에서, 글쓴이는 신앙에 따라 생성되고 소멸하는 교회를 인간의 몸처럼 '유기체'라 평가한다. 유기체라는 표현은 '감리회 신앙고백' 교회론에서 교회를 그리스도의 몸이라고 표현한 것과 다르지 않다. 그렇다면, '교회에 있는 신앙은 교회마다 다르다'라는 주장도 이해하겠는가? 그것은 신앙을 표현하는 방법이 교회마다 다르다는 뜻이다.

 예를 들어, 신앙을 표현하는 방법의 하나인 노래가 있다. 교회마다 교인들이 좋아하는 노래는 다르다. 찬송가를 좋아하는 교인이 많은 교회도 있고, 복음송 혹은 CCM을 좋아하는 교인이 많은 교회도 있다. 다른 이유를 세대에 따른 차이로 설명한다면, 이해하겠는가? 세대에 따라 차이는 왜 생기는가? 세대로 인한 차이는 노래뿐일까? 분명, 여러분들은 세대 차이뿐만 아닌 다른 요인도 있음을 알고 다른 활동에도 영향을 미친다는 사실을 짐작할 수 있다. 우리는 그것들을 어떻게 알 수 있는가?

 교회학은 그런 차이를 찾아내는 학문 영역이다. 다른 질문으로 좀 더 생각해 보자.

교회에 교인들이 자주 모이는 공간은 어딘가? 그곳에서 교인들은 무엇을 하는가? 그곳에서 영향력을 발휘하는 인물은 누구인가?

지역의 특수성이 목회에 어떤 영향을 미치는가? 그것이 무엇이고 어떻게 파악할 수 있는가? 그것을 목회에 도움이 되도록 만들 수 있는가?

분명, 여러분은 위의 물음에 쉽게 답하지 못하는 자신을 발견할 것이다. 목회 현장에서 숱하게 물었던 질문들이지만, '막연하게' 답할 수밖에 없는 한계에 직면한다. 왜? 체계적으로 배운 적이 없기 때문이다. 여러분이 교회학 지식을 조금이라도 익힌다면, 나름대로 답할 수 있다. 교회학은 그런 물음에 목회자가 스스로 답을 찾을 수 있는 도구(tool)를 제공한다.

따라서 이 책은 독자에게 두 가지만 부탁한다. 하나는, 모방하는 목회에는 정답이 없으므로 나만의 방식(신학)으로 목회해야 한다는 것이다. 남의 목회를 모방하는 이유는 나 자신의 목회를 찾아가는 과정에서 필요하다. 하나님께서 주신 영으로 목회하는 우리 모두에게 모방이 무슨 필요가 있겠는가? 다른 하나는, 글쓴이의 역할이다. 나는 여러분을 가르치는 자(teacher)가 아니라, 여러분의 목회를 스스로 찾아가도록 돕는 자(helper)이다. 정답이 아닌 가능성 혹은 대안을 찾을 수 있도록 돕는 자다. 그런 이해에서, 이제 『교회야! 라이너스랑 놀자』를 향한 여정을 함께 떠나보자.

2. 교회학을 왜 배워야 하는가?

'교회학'의 영어 표현은 congregational study다. congregation을 회중으로 번역하여 직역하면 '회중 연구'이다. 1990년대에 출간된 책들에는 주로 '회중학'으로 번역됐다. '회중'이라는 표현이 낯설기에 '교회학'이라 부른다. 그런 번역에 문제가 또 있다. ecclesiology이다. 그것을 우리말로 바꾸면 '교회학'이므로 번역에서 용어 충돌이 일어난다. 하지만, 교회학은 조직신학과는 전혀 다른 분야이고, 그것을 누가 사용하는지에 따라 알게 되므로 혼돈은 일어나지 않으리라 여겨진다.

한국 신학교의 상황을 보면 교회학이 설 자리가 없어 보인다. 교회학을 전공한 이들을 찾아보기 힘들다. 과거 1990년대에 서너 권이 번역되었고, 내가 2019년 한 해 동안 6차례 「강단과 목회」에 "교회 연구"로 기고했을 정도다. 교회학을 이해하기 위해서는 신학과 사회학을 알아야 하고 목회 경험도 있어야 한다. 더불어 심리학이나 조직이론, 가족체계이론 정도는 알아야 한다. 신학교의 좁은 풍토 속에서 신학이 아닌 사회학이나 다른 학문을 배우기 힘들고, 오히려 목회 현장에서 교회학을 익히는 것이 훨씬 더 효율적이다.

교회학은 교회의 안과 밖 전체에 관심을 둔다. 교회학은 사회 안에 있는 교회에서 일어나는 활동 중에서 겉으로 드러난 현상뿐만 아니라, 감춰진 이면의 구조를 파악하고자 한다. 예를 들어, 어느 교회가 피아노를 옮기는 문제로 교인들 사이에 다툼이 있었는데, 이는 두 교회가 합친 이후 누적된 불만이 쌓였다가 피아노를 옮기는 문제로 인해 표출됐다. 피아노를 옮기는 행위 자체가 눈에 보이게 드러난 현상이라면, 불만은 이면에 감춰진 힘으로 교인을 움직이게 했다. 이 교회에서는 피아노로 인한 충돌뿐만 아니라 다른 충돌도 있을 것이다. 수면 위에 드러난 문제들만 수습한다고 해결되겠는가?

교회학은 교인들이 좋아하는 설교나 찬송이 무엇인지를 파악한다. 교회마다 선호하는 설교와 찬송이 다르다. 왜 그럴까? 설교는 교인의 삶을 담는다. 삶을 해석하고 의미를 부여하는 일이 설교다. 따라서 교인들은 설교를 통해 살아가는 힘을 얻는다. 설교는 교인들이 세상에서 자신을 지키는 방패(shield) 역할을 한다. 찬송은 다를까? 교인들이 자주 부르는 찬송에는 여러 의미가 담겨있다. 교회학은 그것이 무엇인지를 파악하고 잘 활용할 수 있도록 돕는다.

교회학은 사회의 변화가 교회에 어떤 영향을 미치는지에 주목한다. 21세기가 시작된 이후 한국 사회에서 생겨난 변화들 가운데, 교회가 주목해야만 하는 변화는 '소속감의 상실'이다. 비정규직의 확산으로 직장에서도 소속감은 점차 약화하였다. 개인의 자주성(독립심)이 강해지면서 특정 집단에 속하는 의미가 약화되고 개인은 다양화되었다. 공동체에 소속하는 것도 의무보다 선택이 되었다. 필요에 따라 소속도 쉽게 바꾼다. 개인의 선택이나 필요를 중요시하는 시대 흐름은 교회 공동체에 위협적 요인이다. 그런 흐름을 '사사(私事)주의'(privatism, 그것을 '나만의주의'[mineism])라 부른다. 교회학은 그런 변화로 인해 교회가 앞으로 겪게 될 일들을 예측한다.

　코로나 팬데믹으로 교회가 겪었던 어려움은 교인들이 함께 모일 수 없는 환경이었다. 더 근본적인 원인은 공동체가 해체될 수도 있다는 신호였다. 교회는 정기적 모임을 통하여 공동체의 형태를 유지하는 조직체이다. 일정한 시간을 두고 반복적인 모임으로 교인은 교회에 소속감을 느낀다. 소속감을 강화시키기 위해 강제성도 필요하다. 그것들이 2000년대 이후 시대의 흐름에 상반(相反)하므로 교회가 겪는 위기는 당연하다. 교회학은 위기 상황에 놓인 교회가 공동체의 결속력을 강화하려는 노력이 어떻게 전환되어야 할지를 진단하며 대안을 찾으려 애쓴다. 따라서 교회학은 코로나 팬데믹 위기로 교회가 겪는 어려운 현실에서도 소속감과 공동체성을 찾으려 노력한다.

　조직에 속한 개인과 조직을 선택하는 개인 사이에는 큰 차이가 있다. 전자는 조직을 중요시한다면 후자는 개인을 우선시한다. 2000년을 기준으로 이전에는 조직을 중요시하던 사회였다면 이후는 개인을 우선하는 사회가 되었다. 그런 변화로 조직이 개인을 지켜준다는 신뢰가 사라졌다. 교인들이 체감하는 교회의 위기는 '교회가 자신을 지켜준다'라는 믿음이 약해졌다는 데 있다. 교회학은 교인을 지켜주는 방패가 교회에서 사라진 이유를 찾고 새로운 방패를 만들도록 돕는다.

　교회학은 변화된 사회 환경에서 교회를 세우는 일에 관심을 둔다. 과거 산업화 시대의 방패는 교회마다 비슷했다. 그래서 목회자나 교인이 교회를 옮겨도 적응하는데 어렵지 않았다. 후기산업화 시대에는 교회마다 방패가 달라져서 교회를 옮기는 일이 점점 어려워지고 있다. 개인을 우선하는 시대에도 교회마다 똑같은 방패를 사용할 수 있을까? 나만의주의 시대에 필요한 방패는 교회마다 다르다. 교회마다 다른 방패가 있어야 한다는 사실은 설교가 달라져야 한다는 말이 될 수 있을까? 성경 공부는 어떤가?

교회학은 방패를 만드는 데 관심을 두면서도 목회자 스스로 방패를 만들 수 있도록 돕는다. 방패는 교회를 나타내는 신앙이므로 교회의 정체성을 강화한다. 방패는 설교로도 나타나고 찬송으로도 드러난다.

방패를 만드는 데 목회자 연장 교육은 도움이 되는가? 목회자 연장 교육을 보면서 안타까움을 느낀다. 연장 교육에서는 두 가지가 중요하다. 하나는 쉼이며, 다른 하나는 교육의 내용이다. 쉼은 목회자에게 충전하는 시간이다. 잘 먹고 잘 자야 한다. 그러면서 목회자는 자신의 영성과 교회, 교인을 돌이켜 본다. 그런데, 아쉬운 부분은 목회자의 휴가가 6일간의 휴식이라는데 있다. 주일을 포함하지 않는 휴식은 쉼이 아니다. 7일간 휴식이어야 한다.

목회 환경을 모르는 소리라고 핀잔을 받겠지만, 목회자는 그런 쉼의 기간을 스스로 만들어야 한다. 목회자는 정기적으로 1년에 2~3번 쉼의 기간을 가져야 한다. 그래야만 양질의 방패를 만들 수 있다.

다른 하나는 교육 내용이다. 교육은 남의 방패를 소개하는 내용이 다반사다. '저렇게 만들었네' 하는 참고용으로 도움받는 정도이다. 때로는 과거의 방패를 소개하는데, 이미 낡은 방패로 어떻게 현재의 나 자신을 보호할 수 있는가? 다른 목회자가 만든 것을 내 방패로 사용할 수 있겠는가? 교육에 새로운 방패를 만들 수 있는 내용을 담아야 한다.

오늘날 목회자는 집단보다 개인을 우선하는 시대에 산다. 교회의 공동체 성격도 달라지고 있다. 교인이 되는 것도 의무가 아닌 선택이다. 앞으로 2050년까지는 누구도 예상할 수 없고 지금까지 겪지 못했던 변화의 시대가 오리라 짐작된다. 어쩌면 기존의 모든 개념이 바뀌게 될 혁명의 시간이 될 수도 있다. 시작은 코로나19 팬데믹이다. 목회자와 교회가 새로운 가능성을 만들어야 한다는 현실에 직면했다. 낡은 방패가 아닌 새로운 방패가 필요하다는 현실을 깨닫게 했다. 교회학은 목회자가 스스로 새로운 방패를 만들 수 있도록 돕는 학문이다.

3. 목회자의 정체성: 교인과 함께 살아가는 신학자

사회는 참 많이 달라졌다. 30년 전만 해도 이웃에 사는 이들을 모두 친구로 여기며 지냈다. 동네를 거닐며 인사 나누고 자잘한 이야기를 건네곤 했었다. 교회 문은 늘 열려 있어 다른 교회 교인이라도 부담 없이 들어가 기도하곤 했었다. 하지만, 이제 이웃은 있으나 친구가 없는 사회가 되어버렸다. 교회 문은 닫혀있다.

우리는 이웃이 언제 갑자기 적으로 돌변할지 모르는 환경에 놓여 있다. 어디에 있는 문이라도 비밀번호만 알면 여닫을 수 있다. 번호를 모르면 문이 잠겨 옴짝달싹 못 한다. 늘 두려움에 싸여 한시도 긴장을 풀 수 없다. 누구도 믿을 수 없는 불신 사회에서 살아간다.

종교는 사람들에게 안전하게 살 수 있다는 안정감을 제공한다. 목회자는 교인들에게 교회와 함께 사는 동안 안전하게 살 수 있다는 믿음을 설교로 선포한다. 교인의 삶에서 교회는 외형적인 건물을 넘어 심리적인 공간으로 기능한다. 심리적인 공간이란 교인들이 교회로 인해 살아가는 내내 힘을 얻을 수 있는 공간으로 기능한다는 의미에서 붙인 말이다. 그들은 교회에서 살아가는 의미를 찾고, 그렇지 못할 때는 교회를 옮기거나 떠난다.

목회자는 교인이 삶의 의미를 찾는 일에 모든 노력을 다한다. 그는 교인에게 좋은 일이 생기면 즐거워하고 힘든 일이 생기면 함께 울기도 한다. 목회자만큼 공감 능력이 뛰어난 사람도 없을 듯하다. 그런 목회자가 위기를 겪는다. 정체성의 위기다.

요즈음 젊은 교인들일수록 심방을 싫어한다고 한다. 전업주부도 목회자의 방문이 반가울 리 없다. 당장 청소부터 큰일이다. 경제적으로도 부담스럽다. 더 큰 문제는 가정을 사적 영역으로 바라본다는 점이다. 따라서 심방은 사적 영역의 개입이 된다. 그렇다면, 목회자의 처지에서는 어떤가? 심방은 목회자가 교인의 가정을 돌보는 일이자 그들을 축복한다는 일이므로 대단한 상징성이 담겨있다. 하지만, 심방으로 잡음이 생기면서 목회자 존재감에 생채기가 난다.

과거에 목회자는 교회에서 일어나는 모든 일에 관여했으나, 이제는 그럴 필요가 없어졌다. 교회 규모가 클수록 더더욱 그렇다. 목회자가 뭐든 잘해야 하고 뭐든 다 알아야 하던 시절은 끝났다. 사회가 전문화되면서 교회 안에서 목회자가 할 수 있는 일들이 점차 줄어들고 있다.

IT 기술의 발전은 목회자의 입지를 더더욱 위축(萎縮)시켰다. 그것은 목회자를 성경에 대해서도 비전문가처럼 만들어버렸다. 잘못된 정보가 난무하고, 옳고 그름의 기준이 혼란스럽게 되면서 목회자의 말을 의심하는 교인들도 늘어났다.

목회자로서의 신뢰를 잃었다. 상대적인 기준만 난무하는 전문화된 사회에서 목회자로서의 존재감, 역할, 신뢰, 그리고 권위를 잃어가는 중이다. 과거와 다른 역할을 찾는 중이라고 좋게 말하기도 한다. '변해가는 사회에서도 놓치지 말아야 하는 목회자의 역할, 혹은 기능은 무엇인가?'라는 근본적인 질문 앞에 서 있다.

많은 목회자는 목회자로서의 정체성을 잃지 않고 살아가는 방편을 찾으려 애쓰고 있다. 어디에서 목회자로서의 정체성을 찾아야 하는가? 목회자에게 교회는 교인들과 함께 살아가는 공간이다. 한밤중이라도 교인에게서 위급한 전화가 오면 찾아가는 '24시간 비상대기'(24 hours on-call) 상태로 살아간다.

교인들에게 목회자는 어떤 존재일까? 때로는 가족이고 때로는 원수이기도 한 교인들을 돌보고 챙기며 살아가는 게 목회자의 삶이다. 그들이 늘 의지할 수 있고 버팀목이 되어주는 자가 목회자이다. 그들이 느끼고 있는 분노에 함께 씩씩거려 주는 이도 목회자이다. 목회자와 교인은 이런저런 모습으로 함께 어울려 살아간다.

목회자는 교인의 삶에 의미를 제공하며 삶의 원동력을 심어주는, 말 그대로 '힘을 실어주는 존재'이다. 주일마다 선포되는 설교에는 교인이 살아가는 이유가 무엇인지를 알려주는 정당성과 근거가 담겨있다. 교인들은 그런 설교를 듣고서 은혜를 받았다고 말한다. 그들은 은혜로운 설교에서 오늘을 당당하게 살아갈 수 있는 삶의 목적을 찾으며, 내일의 삶을 향해서도 변치 않는 목적을 유지할 정당성을 찾는다.

교인들은 교회의 여러 활동에 참여하면서 같은 목적과 변치 않을 가능성을 공유하고 나누며 교회 일원이 된다. 목회자는 교인들이 참여하는 활동이 겉으로 드러나는 행동뿐만 아니라 그 이면에 있는 힘이 무엇인지도 알려준다. 서로 힘을 얻고 나누게 만드는 이면에 하나님께서 존재한다는 사실을 교인들에게 알려준다.

목회자는 교인들이 예배를 통해서 하나님을 체험하도록 이끈다. 예배는 교인들에게 공동체 일원으로 살아가는 소속감을 제공한다. 파편화된 사회에서 다른 사람의 처지를 이해하고 공감하는 능력이 싹트는 자리가 바로 예배이다. 함께 하는 기도 소리와 함께 부르는 찬송 소리에서 서로가 하나 되는 경험을 통해 공감과 치유는 일어난다. 함께 하지 못한 교인을 향해 기도하는 씀씀이도 더불어 살아가는 삶을 반영한다.

예배당에 들어가며 만나는 교인들에게 "잘 지냈어요?"라고 건네는 한마디 말은 아픔도 치유하고 지친 몸과 마음에 새로운 생기가 돋게 만드는 하나님의 음성이다. 예배의 마지막을 장식하는 축도는 한 주를 힘차게 살아가도록 하나님께서 교인의 어깨를 어루만지는 손길과 같다. 예배는 겉치레가 아니다. 목회자와 교인 모두에게 힘을 실어주고 그들이 힘을 체험하는 시공간이다. 그렇다면 시대가 변하고 상황이 달라지면서 여기저기에서 갈등은 생겨난다. 이전과 달라졌으니 당연히 일어나는 현상이다. 후기산업사회에서는 목회자뿐만 아니라 많은 사람이 과거와는 다른 역할과 기능을 해야만 한다. 나는 목회자를 '교인과 함께 살아가는 신학자'(living theologian)라 부른다.

목회자는 삶을 해석하는 존재이다. 교인들에게 살아가는 이유가 무엇인지를 알려주며, 그들이 넘어지는 일이 있더라도 다시 일어서도록 버팀목이 되고, 힘들 때는 쉴 수 있게 의지가 되는 존재이다. 목회자의 존재감에 생채기가 났다고 해서, 권한이나 역할 또한 신뢰가 깨지더라도, 교인의 뒤치다꺼리나 하고 부질없는 짓이나 하는 하찮은 존재는 아니다.

목회자는 지금껏 걷지 못했던 길을 걸어야 한다. 걸어왔던 길은 순탄치 않았고 새로운 길은 척박하다. 그래서 전환기에 놓였다. 어떤 길을 선택하든지 간에 교인과 함께 살아가는 신학자라는 정체성은 변함이 없다. 과거에도, 오늘도, 그리고 내일도 정체성은 달라지지 않는다. 정체성의 위기를 겪는 목회자일수록 자신이 누구인지를 되물어야 하고, 혼자가 아닌 다른 목회자들과 함께 답을 찾아야 한다. 교인과 더불어 살아가며 힘을 부여하는 목회자는 '살아가는 신학자'라는 정체성을 꼭 기억하자.

2장   신앙이란 무엇인가?

4. 신앙이란

거래(去來)와 계약(契約)에는 어떤 차이가 있을까? 나는 둘의 차이를 이해(利害)와 신뢰(信賴)로 구분한다. 서로에게 이익이 있어야 거래가 이뤄진다면, 서로에게 신뢰를 쌓으면서 계약은 성립된다.

이익과 손해에 근거한 거래에는 항상 성취할 수 있다는 기대와 그에 따르는 만족도 있다. 그것이 언제나 만족을 가져다주지는 못한다는 희소성이 문제다. 희소성은 거래에 영향을 미친다. 이해가 기반이 된 거래 관계는 서로에게 이익이 생길 때까지 유지된다. 거래를 위해 자신이 가진 모두를 희생하기도 한다. 희생한 만큼 기대와 만족은 비례한다. 우리가 알고 있는 거래 관계는 단기적으로만 작용한다. 그 관계가 길어지면 길어질수록 기대는 점차 실망으로 변하게 되고, 실망은 분노로 바뀌게 된다. 결국, 서로의 다툼으로 끝난다.

반면, 신뢰에 근거한 계약은 약속을 기반으로 이루어진다. 합의 이상을 요구하지 않는다. 계약 관계는 서로의 이익을 작은 일부터 함께 시작한다. 작은 일도 하찮게 여기지 않는 태도를 보인다. 약속된 계약을 통해 상대의 됨됨이가 어느 정도인지 파악한다. 상대의 부족함을 서로 자연스럽게 알게 되므로 서로 희생을 강요하지 않고 희생하지도 않는다. 합의 정도에서 유지되므로 관계가 깨질 위험은 덜하다. 관계를 맺을수록 쌓여가는 게 신뢰이다.

계약 관계를 원하는 이가 거래 관계를 원하는 이를 만나면 어떻게 될까? 전자는 후자의 요구에 거리를 두며 후자의 심정이 변화하기를 기대한다. 전자는 후자에 대해 몇 번 실망하더라도 관계를 유지한다. 후자가 전자의 마음을 이해하고 받아들이면, 서로에게 신뢰는 쌓인다. 그렇지 않다면, 둘의 관계는 멀어진다.

거래 관계를 원하는 이가 계약 관계를 원하는 이와 만나게 될 때, 전자는 후자에게 자신의 좋은 점만 보여주려고 한다. 후자가 바라는 신뢰 관계를 맺을 만한 충분한 사람이라는 점을 강조한다. 오버액션 한다는 말이다. 후자는 그것을 모를까? 후자는 그것을 경험으로 알고 있으므로 전자의 과장된 행동으로도 신뢰하지 않는다. 관계에서, 전자는 자신의 기대만큼 만족스럽지 않은 현실을 알면서도 관계를 끝내고 불신(계약파괴)하는 행동을 반복한다. 그런 행동은 관계 유지에 치명적이다. 계약(신뢰) 관계를 원하는 이는 그런 행동에 몇 번의 유예는 두지만 더는 이어가지 않는다.

우리는 어떤 관계로 사람을 만나는가? 거래 관계와 계약 관계 둘 중 하나의 관계만으로 사람을 만나지 않는다. 우리는 때로는 사람을 거래 관계로, 때로는 계약 관계로 만나고 헤어진다. 기준은 사람마다 다르다. 개인마다 경험을 통해 둘 중, 더 친숙한 관계로 사람을 만난다. 우리는 그런 경험에 근거하여 좋은 관계를 이어가고 불편한 만남에는 거리를 두면서 사람을 만난다. 관계에는 둘 다 필요하다.

그렇다면, 거래 관계와 계약 관계는 집단에 어떤 영향을 끼치는가? 계약 관계가 많은 집단에 속한 사람들은 신뢰가 가득하므로 마냥 좋은 일만 있을 듯하다. 그런 집단은 현실에서는 존재하지 않는다. 현실은 두 관계가 한 집단 내에 공존한다. 집단 안에서 거래가 계약보다 많은 혹은 적은 집단인지, 계약이 거래보다 많은 혹은 적은 집단인지 나뉘진다.

거래 관계가 많은 집단에서 관계 형성의 기준은 이익이므로 손익 계산은 빨라야 한다. 계산이 빠른 사람은 집단에서 중요한 역할을 하게 되고, 더딘 사람은 집단의 가장자리로 밀려난다. 좀 더 나쁘게 말하면, 희생양이 되기도 한다. 거래에 성공한 사람으로 집단 중심이 형성되면서 거래적 관계를 원하는 사람조차도 이익을 얻지 못하고 가장자리로 밀려나게 된다. 계약 관계의 사람은 당연히 집단에서 사라진다. 집단은 시간이 지나면서 점차 줄어들고 결국 없어질 수 있다.

우리는 이기적으로 관계를 만들고 유지한다. 자기에게 이익이 되는 관계를 만들지 손해가 되는 관계를 원하지 않는다. 그래서 거래 관계를 선호한다. 반면, 계약 관계에도 이익을 위해 서로의 합의가 뒤따르기도 한다. 실제로 한쪽에는 손해(심리적으로 서운함)가 있기도 하는데, 경험에 의하면 그것을 '양보'라 부른다. 양보는 일방적이지 않고 서로의 합의에 근거하므로, 역설적이지만 서로에게 신뢰는 쌓이게 된다. 그 점에서 거래 관계는 계약 관계로 바뀌게 된다.

자기 이익을 상대에게 양보하는 행위로 신뢰를 쌓는다면, 집단에서는 내 이익에서 양보 된(A), 또한 상대 이익에서 양보 된(B), 그리고 서로의 양보로 생긴 접점에서 C(=A+B)는 생겨난다. C가 넓은 집단일수록 서로에게 득이 되는 일들이 많아질 수 있다. C가 좁은 집단일수록 서로의 이익을 향한 충돌이 잦을 수밖에 없다. 그렇다면, 우리는 '각자의 이익을 원하는 관계 안에서 어떻게 양보를 끌어낼 수 있을까?' 묻는다. 다르게 말하면, 계약 관계가 많은 집단은 어떻게 생겨날 수 있는가?

이익이 아닌 손해라는 관점에서, 우리가 '내가 손해를 보지 않으려면 어떻게 해야 하는가?'라고 물으면 답은 의외로 쉽다. 나에게 손해 되지 않는 무엇은 상대에게도 손해가 되지 않아야 한다는 전제도 생겨난다. 상대에게 손해가 된다면, 상대는 계약을 받아들이지 않는다. 나도 그렇다. 서로에게 손해가 되지 않는 타협점은 양보로 서로에게 이익이 된다. 그것은 바로 C이다. 나는 그래서 C를 '힘'(power)이라 부른다.

우리는 모두 거래적 인간이다. 자기 이익을 위해 움직인다. 그래서 이기적이다. 하지만 우리는 이익을 위해 거래가 아닌 계약을 맺는다. 우위적 위치에 있는 사람일수록 거래하려 한다. 힘(권력)의 우위로서 관계를 형성하고 유지할 수 있기 때문이다. 그런 사람도 이익을 위해 거래가 아닌 계약을 맺기도 한다. 힘이란 관계에 따라 생겨나므로 영원한 힘을 가진 자는 존재하지 않는다. 힘없는 사람도 처지나 상황에 따라 힘을 가질 수 있으므로 계약이 아닌 거래 관계를 원한다.

상황이나 처지를 넘어 서로에게 손해를 끼치지 않고 이익을 위해 행동하게 만드는 힘을 C라 할 때, C는 사람을 움직이는 힘이다. 교회에서는 그것을 '신앙'이라 부른다. 신앙을 단순히 종교적인 개념으로만 본다면, 수동적 행위만으로 간주할 수 있다. 신앙은 능동적이고 생산적인 힘을 발휘한다. 신앙은 거래적 사람을 이익만을 추구하는 태도에서 벗어나 양보하게 만든다. 반대로 이기적으로만 작동할 때, 신앙은 파괴적인 힘을 발휘할 수 있다. 신앙은 거래 관계가 많은 집단을 계약 관계로 만들기도 한다. 교회가 신앙공동체인 이유가 바로 여기에 있다. 이기적 인간을 바뀌게 하고 집단적 이익 추구를 지양하게 하는 곳이 바로 교회다. 그렇지 않을 때 교회는 사회로부터 비난받는다.

5. 왜 신앙인가?

앞의 글 '4.신앙이란'에서 손해를 입지 않으려는 인간 본래의 이기적 본성에서 벗어나 타인에게 손해를 끼치지 않으려는 행동으로 전환하는 힘을 신앙이라 했다. 타인에게 자기 이익을 양보하고 양보받는 상황이 공존하는 공간에 교회가 있다고 했다. 그렇다면, 무엇 때문에 힘을 신앙이라고 정의하는가? 다르게 말하면, 우리는 왜 신앙을 가지고 사는가?

　힘으로 자기를 지켜야 한다. 자기를 보호할 힘을 스스로 가져야 한다. 폭력을 주제로 하는 수많은 영화를 보면, 자기 힘으로 지킨다는 게 핵심이다. 자기는 누군가의 가족이 되고 집단의 일부가 된다. 더 확장된 개념으로는 국민이 된다. 자기를 지키는 힘은 국가를 위해 희생하는 힘으로 전환되는데, 우리는 그것을 애국심이라 부른다. 애국심이라는 관점에서만 본다면, 자국 우선주의는 정당하고, 국가 간의 외교적 관계에서는 상대를 위협하는 힘이 된다. 우리는 그것이 모순이라 여기지 않는다. 우리는 자기를 지키는 힘을 우선하며 살아간다.
　힘으로 자기를 지키려는 행동은 다른 사람을 고려하지 않는다는 점에서 일방적인 행동이다. 그것이 강해질수록 우리는 더욱 배타적 태도를 보인다. 때때로 우리는 자기 힘과 타인의 힘이 충돌하는 경험을 겪는다. 어느 쪽의 힘이 더 강한지에 따라 승자와 패자로 나뉜다. 승자의 승리는 영원하지 않고 패자의 패배 또한 영원하지 않다는 사실을 알고 있다. 우리는 언젠가 승패의 위치가 뒤바뀌는 상황을 겪는다. 그런 경험을 통해 우리는 서로를 견제하는 합의를 만들었다. 그것을 '법'이라 부른다. 사회에서 약자를 보호하기 위해 법이 있는 것 같지만, 법은 자기를 지키려는 목적으로 존재한다.
　법은 계약이다. 누구나 지켜야 하는 마지노선이다. 우리가 그것을 지키지 않으면 우리 자신이 위협의 대상이 된다는 사실을 알고 있다.

예를 들어, 운전자는 사고라는 위험 상황에 노출되지 않으려 교통 법규를 지킨다. 그런 점에서, 우리는 법보다 자기 보호가 우선한다는 사실을 알게 된다. 자기를 보호하려는 힘은 법 이전에 타인에게 해가 되지 않는 행동으로 이어진다. 타인을 보호하는 행동은 자기를 지키려는 힘에서 생겨난다. 여기에서 상호간에 암묵적 동의인 '사회적 합의'가 생겨난다.

우리는 힘이 자신뿐만 아니라 타인을 지키는 데도 필요하다는 사실을 알게 된다. 바로 힘의 사용에 있어 우리는 '도덕적 원리'가 있어야 한다는 근거를 깨닫는다. 자신을 지키려 힘을 사용하고자 할 때, 타인에게는 해가 되지 않을 근거가 필요하다. 근거는 법보다 우선이고, 사회적 합의보다 선행한다. 우리는 흔히 그것을 '양심'이라 여긴다. 하지만, 양심의 기준은 개인마다 혹은 집단이나 사회마다 다르다. 양심은 이기심에 따라 다르게 나타나고 상황에 따라 휘둘리기도 한다. 그렇다면, 우리는 양심을 어떤 근거에 의지해야만 하는가?

법이나 사회적 합의보다 선행하고 양심의 근거는 바로 도덕적 원리다. 도덕적 원리란 '누구나 알고 있고 당연한, 있는 그대로 받아들여야 하는 힘'을 뜻한다. 다르게 말하면, 초월적 근거이자 가치중립이다. 우리는 그것에 근거하여 자기를 지키며 동시에 타인을 보호하도록 행동한다.

누구나 당연하게 받아들이는 도덕적 원리를 신앙이라 한다고 치자. 그러면, 우리는 신앙을 쉽게 종교적인 개념으로만 받아들인다. 하지만, 우리는 종교적이지 않은 신앙도 있다는 사실을 선뜻 받아들이지 않는다. 종교적이지 않은 개념을 신앙으로 받아들일 때, 우리는 도덕적 원리가 가지고 있는 힘을 훨씬 쉽게 이해할 수 있다.

누구나 당연하게 받아들이는 힘을 신앙이라 할 때, 그것은 나를 지키는 힘일 뿐만 아니라 '나를 움직이게 하는 힘'으로 확장한다. 그러면, 우리가 당연히 하는 무엇이든 우리를 움직이는 힘이 된다. 밥을 먹는 행위, 누군가를 돕는 행위, 타인에게 나쁜 행동하는, 겉으로 드러나는 행동을 하게 만드는 힘 아래에는 '이면의 역동력'이 드러난다.

당연히 무엇을 하게끔 만드는 이면의 역동력이 우리를 움직이게 하는 원천이라 한다면, 그것은(이면의 역동력의 작동은 5장 '18.교회와 교인에게 감춰진 이면의 역동력'에서 설명하겠다.) 우리 자신을 보호하는 힘일 뿐만 아니라 우리 자신이 누구인지를 스스로 증명하는 정체성이다.

우리가 '당연히 그리고 마땅히' 어떠한 존재가 되어야 하는지를 이면의 역동력은 말해 준다. 어느 교회의 교인들은 교회와 가정, 일터에서 '하나님께서 원하시고 기뻐하시는 한 가지를 실천'하자며 하루를 살아간다. 그것은 그들을 움직이게 하는 힘이자, 이면의 역동력이고 도덕적 원리이다(이성우, 2022).

교인들은 하나님께서 원하시고 기뻐하시는 일을 하면서 행복해한다. 그들이 그런 일을 하면서 침울했던 마음이 즐거움으로 바뀌기도 하고, 슬픈 일을 이겨내고자 찬송을 부르기도 한다. 성경을 읽으면서 알지 못했던 지혜를 터득하기도 한다. 그들이 바뀌도록 이끄는 힘이 무엇인가? 교회에서는 그것을 신앙이라 말한다. 맞는 말이다.

교인들은 신앙으로 그 같은 경험을 한다. 그렇다고 신앙 자체가 그러한 일들을 하게끔 하지 않는다. 교회에서 말하는 신앙은 결과적 측면이라 하겠으나, 이 책에서 말하는 신앙은 사람이 행동하게 만드는 원동력이라는 측면으로 바라본다는 점에서 차이를 비교할 수 있다. 신앙을 갖게 만드는 작동 원리는 이면의 역동력이다.

이면의 역동력은 종교적 신앙만으로 설명하기에는 무리가 있다. 누군가 열심히 일하는 것에는 이유나 목적이 있다. 가족을 위해 더 좋은 집을 사려는 이유도 이면의 역동력이다. 학생이 공부를 열심히 하게 만드는 이유도 같은 이치다. 우리 모두 이면의 역동력에 의해 살아간다.

우리는 우리를 움직이는 힘에 따라 어떻게 행동한다. 그것이 종교인에게는 신앙이고, 돈을 많이 벌고자 하는 근거이고, 대학에 진학하고자 공부하는 이유가 된다. 이면의 역동력으로 당연하게 작동하므로 바로 도덕적 원리다.

하나님께서 원하시고 기뻐하시는 일을 하게 만드는 힘에 따라 교인들은 교회를 다닌다. 힘들 때 기도하거나 찬송을 부르는 이유도 그런 힘에 근거한다. 기도나 찬송을 통해서 얻게 되는 마음의 변화로 하루를 힘차게 살아간다. 누구나 마땅히 해야만 하는 무언가를 위해 살아가는 힘, 그리고 당연히 되어야만 하는 존재가 되고자 노력하는 힘으로 우리는 존재한다. 그것으로 우리가 누구인지를 증명한다.

그것이 '왜 신앙인가?' 하는 질문에 관한 답은 분명하다. 신앙 없이 우리는 살아갈 수 없다. 도덕적 원리 없이 우리는 어떻게 살아가야 하는지 알지 못한다. 이면의 역동력으로 힘차게 내일을 향해 행진한다.

따라서 신앙은 우리네 삶에서 버팀목이 되어주고, 우리는 신앙에 접붙여 살면서 숱한 어려움에서도 버텨낼 힘을 얻는다.

6. 삶의 바탕인 신앙

　2장 '4.신앙이란'과 '5.왜 신앙인가'를 읽은 이들이라면, 신앙에 관한 이야기가 생경하다고 느꼈을 수 있다. 신앙을 자기가 손해를 입지 않고 다른 사람에게도 피해를 주지 않게 만드는 힘, 그리고 자신을 스스로 지키려는 행동을 신앙으로 설명하는 게 가당하긴 한지 의아해할 수도 있다. 그런 힘을 신앙이자 누구나 당연하게 받아들이는 도덕적 원리라니?
　선뜻 이해되지 않는 내용이지만, 우리가 힘을 가지려는 이유는 알겠으나 굳이 그것을 종교적 개념인 신앙이라고 표현하는 이유는 무엇인지 궁금해하리라 여겨진다. 따라서 우리가 신앙을 가지고 사는 이유는 무엇인지를 묻는 게 당연하다.

　힘을 신앙이라 표현하는 이유는 간단하다. 힘이라 표현하면, 교회와 사회를 각각 개별적인 개념으로 받아들이는 습관이 있으므로, 기독교인들은 힘이라는 단어를 종교적인 개념으로는 받아들이지 않을 수 있다. 신앙이 우리를 움직이게 하는 힘으로서 작동하는 경우를 예로 들어보자.

우리를 기도하게 만드는 어떤 이유(어려움)로 인해 행동(기도)하게 될 때, 어떤 이유는 원인이고 행동은 결과이다. 일반적으로 우리는 행동을 신앙으로 간주한다. 나는 결과보다는 오히려 원인을 신앙이라 여긴다. 기도하게끔 만드는 원인으로 신앙이 작동한다고 주장한다. 우리를 움직이게 하는 것은 결과보다는 원인이다.

상황에 따라 보여주기로 만드는 원인도 있을 수 있다. 선한 의도이지만 참된 원인은 아니므로 꾸며낸 신앙이 될 수 있다. 원인을 신앙이라 주장하는 근거는 참된 원인을 찾으려는 의도가 있다.

우리는 신앙에 의지하고 신앙을 통해 살아가는 힘을 얻는다. 신앙 없이는 못 산다. 우리를 움직이게 하는 힘이 바로 신앙이므로, 우리는 신앙으로 살고 신앙으로 죽는 게 인생이다. 좋을 때도 신앙으로 기뻐하고 슬플 때도 신앙으로 버텨낸다. 생로병사 중 어느 하나에도 신앙은 빠지지 않는다.

우리가 교회에 출석하는 이유는 무엇인가? 우리는 교회에서 위로와 기쁨과 같은 정서적 안정감을 얻는다. 삶을 어떻게 살아가야 하는지 깨닫게 해주는 지혜를 얻기도 한다. 교회에 출석함으로 인해 여러 부류의 사람을 만나면서 도움을 받기도 하고 반대로 도움을 주기도 하는 관계를 형성한다. 그런 사회화 과정에서 긍정적 측면만 드러나지는 않으나, 다양한 활동을 통해 사회에서 요구하는 사람으로 성장한다.

신앙으로 사는 이가 교회를 떠났다고 신앙은 사라지는가? 여러분은 어떻게 생각하는가? 교회를 떠난다고 신앙이 사라지지 않는다고 여긴다면, 신앙을 교회라는 공간에 가둬둘 수 없다고 주장할 수 있지 않겠는가?

반면, 좁은 교회에서는 교회를 떠나면 신앙도 사라졌다고 여기기도 한다. 달리 말하면, 신앙을 개교회와 동일시하여 교회에 소속해 있는 상태만을 신앙으로 간주한다. 행위의 결과만을 신앙이라 주장할 때 그런 결과가 생긴다. 이 책에서 신앙에 관한 설명이 낯설게 여겨지는 근거는 여기에 있다. 우리는 교회에 의지하여 교회로 살아가는가? 아니면 신앙에 의지해 신앙으로 살아가는가?

교회는 신앙이 아니고 신앙도 교회가 아니다. 교회로부터 신앙을 분리했다는 점만 기억하자. 차후 다시 이야기할 테니 걱정하지 않아도 된다. 여러분은 이제 신앙이 무엇인지 감을 잡았겠다고 여겨진다. 그렇다면 교회는 무엇인지에 관해 궁금해지리라 생각한다. 제3장 '유기체로서의 교회'에서 설명하려 한다.

나는 자신을 지키고 움직이게 하는 힘을 신앙이라 했다. 우리는 신앙에 붙들려 신앙이 주는 힘으로 살아간다. 신앙 없이 사는 사람은 없다. 종교가 있든 없든 사람은 신앙을 가지고 살아간다고 주장해도 되겠는가? 그렇다면, 두 가지를 묻고 싶다. 신앙은 어떻게 생겨나고 유지되는가? 종교에 속한 신앙과 종교에 속하지 않은 신앙에는 어떤 차이가 있는가?

신앙은 자신을 지키기 위해 생겨나고 자신에게 필요한, 혹은 이득이 될 무언가를 얻으려 할 때 생겨난다. 그것들은 한순간 생겨났다가 없어지지 않고 지속한다. 다만, 때에 따라 스스로 조절한다. 자제한다고 신앙은 없어지지 않는다. 오히려 신앙으로 다른 사람에게 해가 되지 않게 된다. 좀 더 확장한다면, 신앙으로 다른 사람을 돕게 된다.

그러므로 우리는 신앙으로 살아간다. 신앙에서 힘을 얻고 위기를 버텨내며 창조적인 일을 할 수 있다. 다른 사람을 도울 뿐 아니라, 더 큰 목적을 달성하기 위해 자신을 희생하기도 한다. 신앙으로 이기적인 인간이 이타적인 삶을 살아갈 수 있다.

종교가 없는 사람에게도 신앙은 있는가? 신앙을 좁은 의미로 제한하지 않는다면, 우리는 그들에게도 종교인과 같은 신앙이 있다고 정의할 수 있다. 신앙을 교회에서 정의하는 개념으로 제한하지 않는다면, 누구나 신앙을 가지고 살아간다고 말할 수 있다.

종교인이든 아니든 누구나 신앙을 가지고 산다면, 신앙은 삶의 바탕이라 정의해도 되겠는가? 그렇다면, 기독교와 같은 제도화된 종교를 믿는 사람이 가진 신앙과 종교가 없는 사람이 가진 신앙으로 나눌 수 있다. 기독교인들은 신앙을 교회에서 사용하는 개념으로 표현하고, 그렇지 않은 사람들은 정형화되지 않은 표현을 사용한다. 신앙을 표현하는 차이는 있으나 이면에는 차이가 없다고 결론지을 수 있다.

그런 결론이 종교인에게는 종교적 가치를 훼손하는 듯하나, 신앙을 겉으로 드러나지 않은 이면에서 우리를 움직이게 하는 역동력이라고 설명을 하려는 목적인 것을 이해해 주길 바란다. 그렇다면, 우리는 신앙을 좀 더 광범위하게 이해할 수 있다.

신앙은 겉으로 쉽게 드러나지 않으나 우리를 움직이게 하는 힘이므로, 그것에 의해 우리는 목표를 세우고 성취하며 살아간다. 신앙이 없다면 살아갈 의욕을 갖기 힘들어진다. 신앙으로 우리는 이기적인 속성을 버리고 이타적인 삶을 살기도 한다. 따라서 우리는 신앙을 종교적인 행위의 결과를 넘어 이해하게 된다. 신앙은 삶의 바탕이다.

그런 신앙이 교회에서 어떻게 작동하는지를 제3장 '유기체로서의 교회'에서 자세히 알아보자.

3장 유기체로서의 교회

7. 왜 교회인가? 교회의 필요성

이제 교회에 관해 이야기하자. 그것은 신학적 설명이 아니므로 여러분이 익히 알고 있는 기존의 개념에서 벗어난다. 여러분은 다름을 너그럽게 이해해 주길 바란다.

'우리네 삶에서 교회는 있어야만 하는가?' 넓게 말하면, 삶 속에서 종교의 필요성에 관한 물음이다. 종교인의 처지에서는 종교의 필요성을 당연하게 여기지만, 종교를 가지지 않은 사람에게도 당연한지 물어야 하지 않을까? 그런 질문에 관한 대답은 제도권 종교에서 벗어나 종교를 넓은 의미로 그려보면 답하기 쉽다.

종교를 제도권 종교와 그렇지 않은 비제도권 종교로 구분하면, 전자는 기독교나 불교 등으로, 후자는 무속으로 분류할 수 있다. 제도권 종교는 흔히 세계 종교에 해당한다. 교리와 의례, 공동체가 있어야 한다는 정도로 이해하자. 비제도권 종교는 그것들이 없는 상태라 여길 수 있다. 실은 무속을 비제도권 종교라 해도 그것에 의례가 없느냐 물으면, 있지만 제도권 종교와는 다른 형태라 정의할 수 있다. 그러니 제도권 종교와 비제도권 종교로 분류하는 일은 생각보다 복잡하다.

유사 종교는 어쩌면 비제도권 종교보다 훨씬 복잡하다. 그것의 좋은 예를 종교의 기능적 대행물이라 하는데, 종교와 같은 기능을 한다는 점에 중점을 둔다. 가장 좋은 예가 스포츠이다. 축구장이나 야구장을 찾는 열광적인 팬들의 모습을 떠올려 보라. 연중 회원권을 구매하여 매주 경기장에 가는 이들도 있다. 그들은 당연히 좋아하는 팀의 유니폼을 구매했을 터이고 팀을 좋아하는 관중끼리 모여 후원회를 조직하여 활동한다.

개인은 제도권 종교, 비제도권 종교, 혹은 유사 종교에 속해 살아간다. 어떤 이는 셋 중 하나에 속하고, 다른 이는 둘 또는 셋에 속해 있을 수 있다. 제도권에 속한 이가 다른 것에도 속해 있다는 이야기를 교회에서도 가끔 들을 수 있다. 점집에 갔다는, 또는 스포츠 경기 때문에 주일 예배에 빠졌다는 이야기가 그런 예이다. 반면, 제도권에 속하지 않고 하나 혹은 둘에 속한 사람도 있다. 이는 사람은 누구나 종교에 속해 있다는 현실을 말한다.

누구든 종교를 갖고 있다고 정의한다면, 다음과 같은 질문이 생긴다. 어떤 이는 제도권 종교에 속하고, 다른 이는 제도권 종교와 함께 비제도 종교에 속하는가? 제도권 종교에 속하지 않는 이유는 무엇인가?

제도권 종교가 비제도권 종교 또는 유사 종교보다 더 의미 있다는 주장은 타당한가?

나 자신에 관해 이야기해 보자. 나는 비기독교 집안에서 태어나 성장하다 미션 스쿨에 입학하면서 교회를 다니기 시작했다. 교회에 다녔으나 무속적인 환경에 늘 노출되어 있었다. 집안에 특별한 일이 있을 때마다 어머니는 점집에 가곤 했다. 집안에는 신줏단지도 있었다. 나는 경기장에는 가지 않았지만, 스포츠 경기 보는 것을 좋아한다. 나는 위의 세 가지 유형의 종교 중에서 제도권 종교(기독교)를 선택했고 그것에 의미를 두며 살아왔다. 내가 기독교인이 된 것은 나의 운명이었을까, 선택이었을까?

제도권 종교나 다른 것들에 속하는 이유를 운명이 아닌 선택이라 주장한다면, 나는 분명 그것을 못마땅해하는 이들에게서 비난을 많이 받겠다고 짐작된다. 그러나 기독교 집안에서 태어났으나 교회를 다니지 않는 이도 운명이냐고 반문한다면, 우리는 운명보다는 선택이라고 여겨진다. 교회에 속하는, 혹은 다른 어딘가에(무언가에) 속하게 된 상황은 운명이 아닌 선택이다. 선택하게 된 자신이 누구인지를 확인하는 게 더 중요하다.

만일 내가 미션 스쿨에 입학하지 않았다면, 난 교회를 다녔을까? 그런 물음에 목사가 아닌 종교사회학자로서 솔직한 대답은 "모르겠다"이다. 살면서 교회를 다닐 수 있는 환경을 만났다면, 또 달라질 수 있다. 따라서 삶에서 종교를 선택하는 조건은 누구를 만나느냐 하는 데 있다. 교회를 다니는 사람을 만나면, 교회를 다닐 수 있다. 다른 종교에 속할 수도 있고 비제도권, 혹은 유사 종교를 좋아할 수 있다.

사람은 어떤 상황에 의해서 종교를 선택한다는 뜻이다. 상황이 선택보다 우선한다. 미션 스쿨에 입학했던 상황이 나를 교회에 다니도록 만들었다. 그것을 하나님의 부르심이라는 주장은 '해석'이다. 교회에 다니면서 교육을 통해 정체성에 의미를 부여한 결과다. 교인이 된 정당성에 관한 해석의 결과를 상황보다 먼저(하나님의 부르심)라고 말하는 이유는, 교회를 다니며 활동하는 것이 그렇지 않은 것보다 삶에 도움이 되기 때문이다.

교회 생활을 통해 얻은 종교적 사회화가 사회적 인간으로 사는 데 도움이 된다. 종교적 사회화란 교회에서 받은 교육을 통해 사람과 사람의 관계에 필요한 규범이나 가치를 내면화한다면 사회생활에 도움이 된다는 뜻이다. 우리 기독교인은 단지 신앙적인 이유만으로 교회에 다니지 않는다. 교회 생활이 일상생활에 여러 도움이 되기 때문에 교회에 속해 있는 것이다.

내가 미션 스쿨에 입학했다는 상황적 근거만으로 교회를 다니게 되었다는 주장은 겉으로만 드러난 사실이다. 교회를 다니면서 내가 누구인지를 깨달아 가면서 자존감을 가졌다. 가정이나 다른 곳에서 느낄 수 없었던 나라는 존재의 의미를 교회에서 확인했다. 교회를 다니는 게 좋으므로 당연한 일이 되었다. 교회는 나에게 존재감을 느끼게 만들어 주었고 내가 누구인지를 깨닫는 정체성 형성에 많은 도움을 주었다.

비제도권 종교나 유사 종교보다 제도권 종교의 의의를 더 강조하는 이유는, 내 삶의 예처럼, 종교적 사회화에 있다. 삶의 위기를 겪는 이가 교회에 속하는 이유도 마찬가지다. 교회에 속해 여러 사람을 만나며 삶의 위로나 즐거움을 얻는 게 더 건전하게 살아가도록 만든다. 교회에서 삶의 의미를 느끼고 정체성을 확립하므로 더 나은 삶을 이끄는 원동력을 얻는다.

교회에서 그런 확신을 얻지 못할 때, 교인은 비제도권 종교나 유사 종교에 현혹될 수 있다. 그들이 점집을 찾는 이유다. 주일에 교회 출석 대신 스포츠 경기장을 찾는 현실이다. 교회 안에서의 생활보다 교회 밖의 활동에 빠진다. 그런 현상을 흔히 교회에서 말하는 '믿음 부족'이라는 개인의 문제로 치부한다. 그럴 수 있지만 교인 여럿에게서 그런 현상이 생겨난다면 교회의 필요성 자체를 재차 확인해야만 한다.

사람은 종교 없이 살 수 없다. 제도권 종교가 아니더라도 종교를 가지고 살아간다. 급속히 나만의주의화 되어가는 환경에서 교회가 여태 중요하게 여겼던 역할과 기능은 점차 줄어들고 약화한다. 교회의 위기다. 종교의 필요성이 줄어들지 않고 필요성의 형태가 달라지고 있다. 변하는 종교성을 교회가 담당할 수 있는지가 과제이다. 낡은 옷을 버리는 것처럼, 교회는 기존의 낡은 형태를 새롭게 만들어야 한다. 지금 당장은 아니더라도 장래를 위해 새 옷은 마땅히 필요하다.

8. 교회를 이해하는 방법들

교회를 분석하는 틀을 소개한다. 신학에서 논하는 교회론이 아니지만, 독자들이 교회에 관해 알고 있는 내용을 체계적으로 설명하는 틀이라 여겨도 된다. 상황적 연구, 기계적 연구, 유기적 연구, 끝으로 상징적 연구. 그것은 홉웰(James F. Hopewell)이 쓴 *Congregation: Stories and Structure* 2장에 담긴 내용으로 간략하게 소개한다.

사회를 바라보는 관점에는 거시적 관점과 미시적 관점이 있다. 거시적 관점은 기능론과 갈등론으로 나뉜다. 미시적 관점에는 상징론이 있다. 상황적 연구와 기계적 연구는 기능론으로, 유기적 연구는 갈등론으로 구분하며, 그리고 상징적 연구는 미시적 관점으로 분류할 수 있다. 독자 여러분에게 도움이 되도록 학문적 체계와 분석 방법을 대비하여 나눴다. 꼭 그렇지는 않다.

상황적 연구는 사회적 상황을 통해서 교회의 외부 환경을 분석한다. 사회가 변해감에 따라 교회는 어떤 영향을 받았는지, 사회로부터 영향을 받아 얻은 결과로 성장과 쇠퇴 등을 연구한다. 사회를 위해 교회가 얼마나 이바지하는지도 관심을 둔다. 한국교회에 관한 많은 연구는 상황적 연구이다.

기계적 연구는 교회의 내부 운영에 관심을 둔다. 교회를 기계적 조직체로 보면서 교회에서 행해지는 다양한 프로그램들이 어떤 효율성이 있는지를 연구한다. 대표적인 연구가 교회 성장론이다. 목사의 리더십이나 목회 전략, 여타 프로그램 등을 예로 들 수 있다.

유기적 연구는 교회를 유기적 조직체로 보면서 교인들의 동질성과 이질성으로부터 야기되는 다양한 현상들을 파악하는 연구이다. 교회에서 발생하는 갈등으로 인해 분열되는 사례가 좋은 예이다.

마지막으로 상징적 연구는 교회에서 반복적으로 일어나는 여러 현상이나 교인들이 말하는 용어 등을 '해석할 수 있는 상징'으로 보는 연구이다. 교회 내의 여러 현상을 문화로 풀어내는 다양한 개념들로 내러티브와 이디엄, 문화의 상대적 자율성과 친화력, 문화에 있는 사회적 삶의 강제적 측면, 해석할 수 있는 기호들의 시스템, 의미의 망 등으로 분석한다.

상황적 연구는 교회마다 주류의 교인이 다름을 분석하는 데 도움이 된다. 예를 들어 영락교회에서의 주류는 해방 이후 한국전쟁을 거치는 동안 북에서 내려온 기독교인인 '월남 세대', 여의도순복음교회에서는 경제성장 과정 중 시골에서 도시로 이동한 '잊혀진 세대', 광림교회는 경제성장의 영향을 가장 많이 받은 '황금 세대', 끝으로 온누리교회에서는 도시에서 태어나서 성장한 '도시 세대'가 주류였다는 사실로서 상황적 연구를 설명하는 데 도움이 된다.

기계적 연구는 영락교회가 세워진 이유, 여의도순복음교회의 부흥회, 광림교회의 혼합목회, 그리고 온누리교회의 전략목회와 파이 구조 등을 통해서 분석할 수 있다.

유기적 연구는 교인들의 정체성, 여자 심방전도사의 역할과 리더십 갈등의 문제, 목사직의 세습에 드러난 가족주의, 사도행전적 교회 등을 통해서 살펴볼 수 있다.

상징적 연구를 통해서는 여자 심방전도사가 여의도순복음교회와 광림교회에서 역할이나 위상이 다를 뿐 아니라, 도시 세대에서는 그들이 사라져가고 있는 이유를 밝힐 수 있다.

위의 설명이 너무 간략해 독자들에게 성의 없어 보일 수도 있다는 점을 부인하지 않는다. 그런 분석은 내 논문 내용이므로 여러분이 관심을 가진다면 국회도서관 홈페이지에서 논문(이성우, 「한국대형교회 문화 흐름에 반공주의 영향 연구」)을 내려받을 수 있다. 논문 5장에 위의 내용이 자세히 소개되어 있다. 참고하길 바란다.

교회 분석을 네 가지로 분리할 수 있다. 겉에서 안으로, 그리고 거시에서 미시로 좁혀가는 연구도 있어야 하고, 안에서 겉으로, 그리고 미시에서 거시로 확장하는 연구도 필요하다. 한국교회의 상황적 연구로 시작하여 개체교회로 좁혀가는 유기적, 그리고 상징적 연구도, 개체교회의 형성과 성장을 지역사회의 상황과 함께, 그리고 한국 상황 전체로 확장하는 분석도 필요하다.

감리회 통계표를 통해 네 가지 연구를 소개해 보려 한다. 2000년 이후, 통계표에 나타난 감리회 교인수가 가장 많았던 해는 2010년으로 1,587,385명이다. 5년 뒤(2014년)에는 1,486,215명이고, 10년 뒤(2019년)에는 1,304,856명이다. 10년간 282,529명이 감소했고, 5년마다 대략 10만 명이 감리회를 떠났다. 그런 분석은 상황적 연구에 해당한다.

10년간의 교인 감소 원인을 찾으려는 시도로 같은 기간 가장 크게 영향을 미친 사건을 제시할 수 있다. 그것을 감독회장 선거라 가정할 때, 세 가지 연구의 분석들이 가능하다.

2008년 이후 감리회는 감독회장 선거로 인해 끊임없는 갈등이 불거지는 상황을 겪었다. 그것은 리더십과 권위의 실추, 감리회 내부의 비효율성을 겉으로 드러나게 하였다. 기계적 연구를 통해 그런 분석이 가능하다. 선거 결과에 따른 고소와 고발의 파행이 감리회의 화합과 안정을 위협하고 감리회의 위상을 실추시켰다는 평가는 유기적 연구로 분류한다. 감리회 조직 내부의 갈등과 위기를 초점에 둔 분석이다.

상징적 연구는 선거 과정에서 일어난 파장이 감리회원에게 미친 영향은 무엇인지에 관한 분석이 될 수 있다. 목회자나 평신도 지도자뿐만 아니라 특히 일반 교인 처지에서, 그런 일로 인해 감리회에 속해 있는 정체성에 혼돈을 겪고 감리회 교인으로서의 자부심을 느끼지 못하게 된 귀결에 관한 조사이다.

간략한 소개를 통해, 네 가지 연구 모두 필요하다는 사실을 알게 된다. 상황적 연구와 기계적 연구를 통해 우리는 비교적 쉽게 자료들을 얻어낼 수 있다. 앞의 둘은 유기적 연구와 상징적 연구를 위한 기초 자료로 평가할 수 있다. 유기적 연구는 앞의 둘보다 어렵지만 그렇다고 자료를 얻어낼 수 없는 것은 아니다. 상징적 연구는 연구자가 연구 대상을 직접 면담하는 방식으로 자료를 얻을 수 있다. 시간도 오래 걸리고 힘든 작업을 수반한다.

앞의 둘이 교회 밖의 현상이나 겉으로 드러난 현상을 밝히기 위한 연구라면, 뒤의 둘은 교회 안에 숨겨진 이면에 관심을 둔 연구다. 나는 앞의 둘보다 뒤의 둘에 애착을 느낀다. 미시에서 거시라는 관점의 연구를 좋아하는 편이다. 3장 '9.영적 보루인 교회'에서 유기적 연구와 상징적 연구를 통해 교회가 어떻게 영적 보루가 되는지를 설명한다.

9. 영적 보루인 교회

내가 신학생 시절 친한 선배에게서 들었던 이야기다. 그는 전도사로 사역하면서 청년들에게 교회의 영향력이 미치는 거리에 관해 물었다고 한다. 사연은 교회 부근에서 흡연한 청년으로 인해 불거진 문제였는데, 청년들은 교회 건물이 보이지 않는 곳이라 대답했다고 한다.

오래된 이야기지만 늘 내 마음에 담아 두었다. 청년들의 말처럼, 교회 건물이 보이지 않는 곳이라는 말에는 어떤 함의가 있을까? 그것은 교회 영향력에 관한 고민거리다. 지역에서 제법 큰 교회이고 교인도 많았고 건물 또한 컸었는데, 교회가 미치는 영향력의 거리는 멀었으리라 짐작한다. 교회의 규모에 따라 그 영향력이 미치는 거리도 비례할까? 아마도 교인들이 느끼는 영향력의 거리가 가시적이지는 아니라 여겨진다. 그것은 심리적 혹은 상징적 거리다.

거리를 논하며 묻는 질문으로 교인들 마음에 있는 교회는 대체 무엇일까? 그들의 일상에서 중요한 공간은 셋이다. 가정, 일터, 그리고 교회. 이 셋 중에서 머무는 시간이 가장 적은 곳은 교회이다. 일주일이라는 시간 트랙을 고려해도 한 주에 몇 시간 정도이다. 대다수는 일요일에 서너 시간, 좀 더 열심을 더하더라도 이틀 혹은 사흘 정도, 그렇다고 해서 24시간 온종일 머물지 않는다. 그런데 교인들의 삶 속에서 교회는 왜 중요한가?

가정과 일터가 살아가는 데 없어서는 안 될 필연적 공간이라면, 교회는 있어도 되고 없어도 되는 선택적 공간이다. 딱히 교회가 아니어도 되고 다른 공간으로 대체해도 된다. 가고 싶으면 가면 되고 그렇지 않으면 영영 떠나거나 한동안 거리를 두고 살아도 된다. 그런데, 한 번 교회를 다니면 삶에 지울 수 없는 흔적으로 남는다. 왜 그럴까? 교회를 떠났어도 하나님으로부터는 떠나지 않았다고 믿는(말하는) 사람의 심리는 대체 무엇일까?

교회를 다니고 있든, 더는 다니지 않든 그들의 마음속에는 교회를 향한 심리적 공간이 있다. 공간의 활성화 여부로 인해 교인인지 아닌지를 구분한다. 활성화의 높고 낮음으로 출석률은 달라진다. 낮을수록 교회로부터 멀어진다. 활성화 정도가 낮더라도 심리적 공간이 없다고 여기지 않는다. 비활성화는 있으나 무활성화는 없다는 뜻이다. 따라서 교회를 떠난 사람들은 심리적 공간이 비활성화된 상태라 말해도 될 듯하다. 그들의 처지에서 그렇게 받아들일지는 모르겠다.

심리적 공간의 활성화가 낮아지는 이유는 거창하지 않다. 다른 말로는, 교회를 떠나는 이유로, 교회에 다니는 생활이 '그냥 싫어지면'

활성화의 정도가 낮아진다. 낮아진 만큼 다른 생활로 채운다. 떠난 사람에게는 교회 생활이 다른 생활로 바뀌었고, 만나는 사람이 달라졌을 뿐이다. 한 주에는 교인을 만나고 다른 주에는 동우회 회원을 만난다고 표현하면 될까? 적절한 비유인지 모르겠으나, 장 보러 대형마트도 가고 전통시장도 가지 않는가?

교회를 떠났어도 하나님에게서는 떠나지 않았다고 말하는 이들에게도 교회를 향한 심리적 공간이 있다는 주장을 비유로 이해를 돕는다면, 사랑했던 사람과 헤어졌어도 잊히지는 않는다면 되겠는가? 길을 걷다 옛 연인과 비슷한 사람을 보면 순간 멈칫하지 않는가? 잠깐이나마 웃음을 짓게 하는 추억에 머물기도 하는데, 나만 그런가?

교회를 떠난 이들의 심리적 공간에 여전히 교회도 남아 있고 하나님도 남아 있다면, 교회로 다시 돌아올 수 있지 않느냐 하는 질문을 던져보게 된다. 당연한 물음이다. 하지만, 교회가 싫어진 만큼의 분량이 상쇄되거나 교회를 좋아하는 마음으로 바뀌어야 하는데, 그것은 쉬운 일이 아니다. 이미 교회를 떠난 상태에서 다시 교회가 쉽게 좋아지겠는가? 마음이 달라지려면 출석이 먼저다. 어쩌다 교회에 다시 출석하면서, 교회를 싫어하게 되었던 마음이 누그러지고 교회가 좋아지는 마음이 새싹처럼 돋아난다면 교회에 대한 의미를 되찾았다는 뜻이다. 의미가 정체성으로 전환되어야만 교회를 다니게 된다.

유기적 관계성을 잘 표현한 성경 구절이 있다. 고린도전서 12장이다. "너희는 그리스도의 몸이요, 지체의 각 부분(27)"이라는 표현만큼 유기적 관계성을 표현하기 좋은 예는 없다. 지체의 역할이 제대로 수행

될 때 몸이 온전히 작동한다는 의미로, 그럴 때 선은 이루어진다. 공동체(사회) 안에서 책임적 존재인 인간은 도덕적 합의를 따라서 행동한다.

교회에서 여러 활동으로 관계가 유기적으로 얼마큼 잘 작동하는지 따져볼 수 있다. 사역자와 교인의 각자 역할이 활성화될 때 교회에서는 웃음소리가 떠나지 않는다. 그렇지 않을 때는 볼멘소리만 무성하다. 그런 주장은 교회뿐만이 아닌 모든 조직체에서도 해당한다. 교회의 규모와 상관없이 교인마다 기능적 수행은 중요하다. 교인 모두가 맡은 역할을 제대로 기능하도록 돕고 교인이 서로 협력하는 환경을 조성하는 일은 교회 리더의 소임이다.

각자의 역할이 삐걱거릴 때, 내부에서 잡음이 생기고 갈등으로 비화하고 충돌이 일어난다. 유기적 관계성의 역기능이다. 또한 역할이란 규모에 따라 달라질 수 있고 사람에 의해 형태가 달라질 수 있다. 그런 차이를 인정하고 수용할 때 기능은 변화의 동력이 될 수 있다. 차이를 부정할 때 기능은 위기의 원인이 된다. 교회마다 교인의 기능 혹은 역할은 다양하다. 단적인 예로, 작은 교회가 대형 교회의 활동을 모방하면 갈등의 씨앗이 된다.

사람들에게 교회(종교)는 왜 필요한가? 인간은 원래부터 종교가 없으면 안 되는 존재이기 때문이라 여긴다면 옛날 사람이다. 후기산업사회를 살아가는 사람에게 당연한 질문은 없다. 당연하다고 여기는 사람이라면, 축구장에 가는 관중 또한 당연하게 생각해야 한다. 종교의 필요성에 관한 내용이 달라진 현실을 고민해야 한다.

사람들은 종교적 정체성인 교회를 다녀야 하는 이유에 관해 목회자에게 묻는다. 인간은 하나님의 피조물이라는 주장과 같은 표현은 이미 교회 안에 있는 대상을 향한 교리이지 교회 밖에 있는 사람들에게는 설득력을 주지 못한다. 30대와 40대뿐만 아니라 50대에서도 의미를 추구하는 이들이 많다. 정체성을 향한 대답이 없는 교회는 위기를 겪는다.

유기적 관계성으로 맡은 기능을 수행하는 교인들은 교회를 향한 심리적 공간의 활성화에 따라 살아간다. 교회를 떠난 이들도 심리적 공간은 비활성화 상태로 남아 있다. 교인이든, 교회를 떠난 이든 그들 마음에 있는 교회를 향한 심리적 공간을 '영적 보루'라 정의한다면 되겠는가? 영적 보루란 교회를 향한 심리적 공간을 뜻하는 상징적 표현이다.

하나님을 믿는 사람들은 교인이든, 교회를 떠난 이든 자기를 지켜주는 방패가 있다고 믿는다. 그런 믿음으로 사람들은 교인이 된다. 교회에 다니지 않아도 하나님을 믿는다고 확신하는 사람들에게, 또는 다른 모양의 종교성(예를 들어, 경기장에서 열광하는 관중)으로 살아가는 사람들에게도 방패인 '교회는 영적 보루다'는 정당성을 가질 수 있겠는가?

4장 신앙공동체란 무엇인가?

10. 신앙공동체 형성

제2장 '신앙은 무엇인가'에서 다른 사람에게 피해를 주지 않으며 자기를 지켜가는 힘이 신앙이라 했다. 우리는 자기를 지키며 다른 사람을 만나고 사랑하고 살아간다. 질투하고 갈등하며 배제하고 싸우며 살아간다. 힘없는 사람은 없으며, 모두 힘을 지키려는 의지(때론 욕망)에 따라 사랑과 원망은 나눠진다.

우리는 힘을 지키려 애쓰나 한계에 직면한다. 집단 또한 마찬가지다. 개인에서 집단으로, 작은 집단에서 큰 집단에 속하려 한다. 그럴 때 집단과 집단의 규모가 자기를 지켜줄 것이라는 믿음이 생긴다. 개인이 공동체에 속하려는 이유이자 공동체로부터 소속감을 얻어 자기를 지켜가려는 인간의 소박한 본능이다(소박하다는 의미는 '거짓 없고 진솔하다'라는 뜻이다).

공동체 구성원은 자기가 속한 집단의 성격을 표현하고자 상징물을 사용한다. 국가에는 국기, 국가(國歌) 등이 있으며, 작은 집단도 국가와 마찬가지로 상징물이 있다. 집단의 규모에 상관없이 상징물은 정체성을 나타낸다. 사람들은 상징물이 정체성을 잘 표현하는지에 관심을 둔다. 규모가 클수록 관심은 비례하나 작은 규모라도 관심은 없지 않다.

상징물에는 정체성과 더불어 도덕적 원리나 삶의 원리를 포함한다. 신앙공동체는 신앙으로 모인 사람들의 모임을 뜻한다. 예를 들어, 대학생 신앙공동체에서는 대학생이라는 공동체의 자격을 반영한다. 근본주의 신앙공동체에서는 근본주의를 믿고 따르는 사람이라는 성격이므로 대학생이든 아니든 자격은 중요하지 않다. 이름으로 집단의 성격이나 속성을 드러낸다.

신앙공동체란 신앙을 중요하게 여기는 사람들로 이루어진 집단이다. 쉽게 말하면, 신앙공동체는 교회를 뜻한다. 신앙으로 모인 집단은 교회뿐인지 묻는다면, 우리는 교회를 포함한 다른 집단도 유추할 수 있다. 예를 들면, 소규모 기도 모임이나 선교 단체 등도 있다.

공동체를 포괄적인 개념으로 사용할 수 있지만, 나는 신앙공동체를 교회와 같은 개념으로 사용한다. 그런데도 공동체로 표현하는 이유는 교회를 조직체보다는 공동체라는 성격을 더 강조하려는 의도이다.

신앙공동체는 '자발적'으로 만들어진다. 스스로 원하여 집단이 형성된다는 특징이다. 타인의 강요나 신앙 이외의 다른 목적을 위해 소속하지 않고 오로지(?) 신앙심만으로 모인 집단이다. 그렇지 않은 참여자가 없지는 않으나 많은 이들은 신앙으로 참여한다는 의미에서 자발적인 공동체이다.

신앙공동체는 규모의 법칙에서 예외적이다. 신앙 때문에 작은 집단에 소속하는 비합리적 선택이 생겨난다. 작은 교회의 교인이 되는 이유는 무엇인가? 연(緣)의 관계일까? 큰 교회에서 가질/얻을 수 없는 뭔가가 있어서 소속할까? 그런 이유는 합리적이다. 신앙을 위해 손해를 입어도 헌신(희생)하는 차원에서 비합리적이다.

하나님을 믿고 따르는 교인이든 아니든 교회에는 누가 모이는지 잘 알고 있다. 하지만, 자신을 지키려는 힘을 신앙이라 정의할 때, 하나님을 믿고 따르는 행위만 아닌 아주 포괄적인 개념으로 여러 상황에 적용할 수 있다. 하나님만 아니라 초자연적 현상 혹은 이데올로기 등 다양하게 적용할 수 있다.

또한 신앙은 겉으로는 하나님이겠지만 이면에서는 다르게 작동하는 무엇이 될 수 있다. 그럴 때, 신앙을 이면의 역동력이라는 측면에서 바라보면 이해하기 쉽다. 그럴 때, 나는 포괄적으로 해석할 수 있는 신앙을 '사람을 움직이는 힘'이라 부른다. 사람을 움직이는 힘은 무엇이고 그 힘은 결국 무엇이 될 수 있는가?

TV를 통해 맛집을 소개하는 프로그램을 보면 한 번쯤 가보고 싶어 한다. 그곳을 가고 오는 피곤함을 감내할 정도의 식탐은 오직 음식이 주는 행복만일까? 어떤 이들은 음식을 촬영하여 SNS에 올리기도 한다. 유명 여행지를 방문하는 이유도 비슷하다. 왜 그럴까?

이유는 친구나 이웃에게서 소외되지 않으려는 마음에서 나온다.

"나도 그 식당에 가서 먹었어." "나도 해외여행을 갔었어." 소외감이나 유행에 뒤처진 자신을 발견하게 될지 등은 불안한 두려움으로 그것들에 자기를 편승하게 만든다. 유행에 따라 상품을 구매하는 이유도 같은 현상이다.

무엇에 동조하도록 끌려가는 힘은 사람을 움직인다. 그것은 개인을 혼자가 되지 않게 만들어 서너 사람을 넘어 집단으로 확대한다. 작은 집단에 만족하지 않고 큰 집단이 되어도 여러 곳에 같은 집단을 확산한다. 하나에서 둘로, 둘에서 넷으로 늘어나면서 꾸준히 집단을 넓혀간다. 사람은 집단을 통해 자기를 보호하려는 본능이 있다.

그렇다면, 신앙공동체는 무슨 근거로 만들어지는가? 그것은 신앙이 우리 자신을 지켜준다는 믿음으로 생겨난다. 신앙이 다른 원인보다 강한 이유는 신앙공동체의 구성원이 되기 위한 조건에 아무런 제약이 없다는 데 있다. 대학생이 아니어도 되고 근본주의자가 아니어도 된다. A 공동체가 싫으면 B 공동체에 속하면 된다. 신앙공동체의 또 다른 속성이다. 개인적 취향에 따라 공동체를 자발적으로 선택할 수 있다.

우리를 지켜준다는 믿음으로 다양하고 많은 신앙공동체가 생겨난다. 계층, 지역, 민족, 인종, 직업, 학력, 관심사 등이 신앙공동체의 형태를 구분하는 기준이 된다. 그렇게 만들어진 교회는 지역사회 안에 존재한다.

교회는 교파로만 나눠지는가? 한 교파 안에도 진보적인 신앙과 보수적인 신앙이 공존한다. 보수적인 신앙 안에서도 근본주의, 성령주의,

복음주의 등으로 나눌 수 있다. 진보적인 신앙 안에서도 그런 성격이나 속성에 따라 교회는 사람들에게 힘을 실어주는 집단이 된다. 같은 성경책을 사용하고 같은 찬송을 불러도 신앙공동체의 성격은 사람의 지문처럼 다르다.

우리를 지켜주는 힘이 신앙이므로 모두 다 같은 교인이라는 주장은 좁은 시각이 될 수 있다. 다양한 신앙공동체들을 모두 같다고 주장하기 어렵다. 교회가 가진 힘은 어디까지 포용할 수 있고 어디까지 확장할 수 있는가? 반대로 어디까지 제한되는가? 그런 물음과 대답으로 정의된 교회(신앙공동체)는 우리가 생각하는 범주를 넘을 수도 있고 그렇지 못할 수도 있다. 어떤 범주이든 교회는 힘을 가진 공동체다.

11. 신앙공동체는 왜 필요한가?

앞의 글 '10. 신앙공동체 형성'에서 자신을 지켜준다는 믿음에서 공동체가 만들어진다고 했다. 우리가 공동체에 속하면서 교인으로 살아가는 이유는 교회가 우리를 지켜준다는 믿음에 근거한다. 그런 믿음을 가진 교인은 누구인가? 그들은 무엇 때문에 신앙공동체에 속하려 하는가?

생명이나 질병은 병원이 담당하고, 동산이나 부동산의 소유권은

법이 담당한다. 믿음은 무엇이 담당하는가? 사람은 누구나 믿음 체계가 있다. 기독교가 한국에 전파되면서 한국만의 토착적 믿음 체계를 만들었다. 한국의 기독교는 서구와 다르고, 한국에 의해 전파된 다른 나라의 그것도 다르다. 믿음 체계는 사회 안에서 오랜 기간을 거치면서 만들어지고 또한 조금씩 변한다. 믿음 체계는 신앙원리이다.

교인은 신앙원리에 따라 신앙공동체에 소속한다. 신앙원리란 마땅히 따라야 하는 원리다. 쉽게 '교리'라 해도 무방하다. 하지만, 나는 원리가 교리보다 우선한다고 주장한다. 원리는 고정되지 않고 사회적 환경에 따라 변해간다. 예를 들어, 주일성수라는 교리는 과거보다 영향력이 많이 약해졌다. 과거의 기준을 들먹이면 교회 안에서 갈등이 생기곤 한다. 교리는 없어지진 않으나 상황에 따라 그것의 영향력이 약해진다. 따라서 원리가 교리보다 우선한다는 주장을 이해하겠는가?

믿음을 지킨다는 말은 바로 신앙원리이다. 개인이 지키는 신앙원리가 있고 공동체가 지키는 그것도 있다. 둘은 개인마다 같을 수 있고 다를 수도 있다. 개인의 신앙원리를 우선하면 집단은 갈등을 겪는다. 집단의 그것을 강조하면 개인은 어려움을 겪는다. 우선순위의 결정은 상황에 따라 상대적으로 선택된다.

상황에서 신앙원리를 선택했던 경험은 우리에게 중요하게 영향을 끼친다. "그땐 그랬어"라는 경험담은 기준으로 작동한다. 경험은 상황과 함께 개인 또는 공동체에 기준이 된다. 달리 말하면, 유사한 경험이라도 공동체의 성격에 따라 선택은 달라질 수 있다. 어쩌면 상황이나 원리보다 공동체의 성격이 선택에 더 큰 영향력을 발휘한다. 절대적이라는 기준은 때로는 강하기도, 때로는 허약하기도 하다.

신앙원리는 공동체의 성격에 따라 달라진다. 개인은 공동체의 신앙원리를 따르면서 자기 원리로 받아들이고, 그렇지 않을 때 다른 공동체로 옮기기도 한다. 겉으로 드러난 이유는 아닐 수 있으나 교인이 교회를 옮기는 이유에 신앙원리가 작동한다는 뜻이다.

교인은 신앙원리에 따라 공동체에 소속되어 살아간다. 신앙공동체에 속하지 않고 원리를 가진 사람은 교인이라 부르지 않는다. 교회를 떠난 사람을 교인으로 부르지 않는 이유와 같다. 교회가 자신을 지켜준다는 믿음을 가진 사람만 교인이라 부른다.

교인이 신앙공동체에 소속해 살아가는 이유는 신앙원리가 자신을 지켜준다는 믿음에 있다. 그런 믿음을 가진 교인들이 함께 모인 공동체가 교회이다. 교회는 개인마다 신앙원리에 차이는 있으나 결국 같은 신앙원리라고 믿는 교인들이 모인 공동체다.

고민거리는 교인임에도 교회가 지켜준다는 믿음을 잃어버린 교인에게 있다. 그들은 어떻게 생겨났는가? 그들에게 믿음이 없어서일까? 믿음이 약해져 상실된 결과일까?

교회가 지켜준다는 믿음은 고정되지 않고 '유동적'이다. 유동적이란 일정하지 않고 한결같지 않다는 뜻이다. 믿음이 좋을 때도 있고 나쁠 때도 있다. 교인 개개인에게 원인이 있을 수 있고 공동체에 있을 수 있으며, 또한 외부로부터의 영향이 원인으로 작동할 수도 있다. 믿음은 다양한 원인으로부터 영향받는다.

원인이 무엇이든 교인이 가진 믿음은 달라진다. 달라지는 모양을 신앙원리로 세워나가야 한다. 신앙원리의 핵심은 변하지 않고 모양이 달라진다. 그렇지 않을 때, 공동체 안에서 신앙원리를 지키려는 저항이 생겨난다. 그 저항은 전혀 다른 차원으로 전개된다. 원리의 구성요소가 달라지는 문제가 아니라, 공동체 안에서 원리를 고치려는 자와 지키려는 자 사이에서 생겨난 권력 충돌이다. 그것은 변화된 사회적 환경에 적응하지 못한 집단에서 발생한다.

종교조직은 다른 조직에 비해 아주 느리게 변하는 집단이다. 그래서 '보수적'이다. 사회의 전환기에 종교조직이 사회에 갈등을 일으키는 일은 어쩌면 당연하다. 신앙원리로 변화에 저항 혹은 적응하는 과정에서 발생한 갈등이라고 볼 수 있다. 하지만, 예를 들어, 집단의 정치적 이해로 인한 충돌이라면 기득권의 문제일 수 있다. 사정이 어떠하든 전환기에 종교조직은 문화 지체 현상을 겪는다.

변하지 않으면 퇴화하고, 퇴보는 변질되어 약해진다. 조직의 퇴화는 구성원이 줄어 조직의 영향력이 줄어든다는 뜻이다. 변화에는 지키려는 힘과 새로워지려는 힘이 공존한다. 시간상으로 변화에서 지킴은 점차 약해지고 새로움은 차츰 강해진다. 그래야 조직은 건강해지고 새로워진다. 변하지 않으려는 저항은 변화로 겪을 두려움, 혹은 잃어버리게 될 두려움을 반영한다.

변화의 두려움이 신앙원리로 극복되지 않을 때, 저항은 명분을 얻는다. 신앙원리는 교리 그 자체로 받아들여지면서 절대성을 갖는다. 하지 못할(할 수 없는) 것이 없을 정도의 힘이 될 때, 신앙원리는 교리를 넘어 권력으로 전개된다. 더는 신앙원리로서의 정당성을 가지지 못한다.

신앙원리에 따라 배제된 사람들에게 폭력을 행사할 수 있다. 폭력을 신앙원리의 결과로 받아들이는 사람들이 있겠는가? 현실에서는 그런 예를 찾을 수 있다.

코로나19 팬데믹이라는 외부의 영향으로 인해 기존의 신앙원리에 금이 갔다. 그런데도 많은 교인은 교회가 자기 신앙을 지켜주리라는 믿음을 지키고자 출석한다. 기존의 신앙원리가 여전히 통한다는 현실을 보여준다. 하지만, 한번 금이 간 그릇에는 금이 생기기 마련이다. 교회 리더의 눈에는 당장 보이지 않을 뿐이다. 시간이 지나면서 금은 틈이 되면서 물이 샌다.

교회는 현재 고난의 행군을 시작했다. 교인수가 줄어들거나 교회가 사라지는 외형적 문제만이 아니다. 더 심각한 문제인 금이 간 신앙원리는 틈으로 만들어지는 데 있다. 신앙원리를 교리로 만들어 지키려는 길은 당장 가능한 선택이다. 눈앞에 놓인 현상에 매몰되지 않고 멀리 바라보며 신앙원리를 새롭게 제시해야 한다.

교회가 지켜준다는 믿음을 어떻게든 세워야 한다는 사실을 잊지 말자. 그것을 세워가는 과정에서 여러 착오도 있을 테고, 교회 내부의 저항도 당연히 생겨난다. 변화에 더딘 종교조직의 속성으로 교회는 문화 지체 현상을 겪는다. 어떤 상황이 되더라도 교회가 지켜준다는 믿음을 교인들이 잃지 않아야 한다. 그것을 위해 교회는 격(格)을 지켜야 한다. 신앙공동체가 필요하다고 여기는 교인에게는 신앙원리가 있어야 한다는 사실만 꼭 기억하자.

12. 생활신앙: 신앙으로 삶을 말한다

'생활신앙'은 내가 2022년 6월에 출간된 책『교회를 세우는 신앙을 찾아서』에서 주장한 개념이다. 과거와 달라진 교인의 신앙생활을 표현한 개념으로 기존의 '교회신앙'(교회 안에서의 신앙 활동)과 구분하고자 사용한다. 일상생활과 교회 생활을 구분하지 않는 신앙생활을 제안한다는 점에서 착안한 개념이다. 또한 누구나 쉽게 수용하고 이해할 수 있어야 한다는 점에서 생활신앙이라 했다.

생활신앙은 패러다임의 전환이다. 흔히 교인은 교회를 세상에서 구별(聖別)된 공간이라 여긴다. 세상에 없는 다른 무엇이 있는 공간을 교회라 주장하는 신앙 표현에서 찾을 수 있다. 교인은 교회 건물에서 소속감을 얻으므로 교회에 모인다. 그것을 '세상(사회) 위(밖)에 있는 교회'라 한다면, 생활신앙은 '사회 안에 있는 교회'라 하겠다.

대중교통의 발달과 자가용이 대중화되면서 교인의 주거 지역은 점차 교회에서 멀어지고 있다. 대략 1시간 정도 이동은 보편화되어 교회 출석과 활동에도 영향을 끼친다. 교회 부근에서(반경 10㎞ 정도) 벗어나 출석하는 교인들이 많아진다. 예배 이외의 참석률에 영향을 미치고, 교회 안에서의 활동에 큰 변화를 가져다준다.

교회 내부에서도 변화를 찾을 수 있다. 교인이 교회로 모이는 횟수는 차츰 줄어든다. 교회에 머무는 시간 또한 적어진다. 교인이 교회로 모이고 머무는 방법도 달라진다. 수요일 저녁예배를 오전으로 옮기는 사례에서 찾을 수 있다. 특히 코로나 팬데믹으로 비대면 예배나 줌(zoom)으로 모임을 하는 예도 생겼다. 그것은 더 확산한다.

교인의 활동 변화와 함께 교회 안과 밖에서 생겨난 변화로 교회로 인해 모이는 교회신앙은 그 한계를 드러내고 있다. 신앙생활에서 패러다임의 전환을 받아들이고 어떤 형태로 발전시켜야 하는가? 교인은 교회에 모이는 횟수가 줄고 머무는 시간이 적더라도 현재와 같은 신앙생활을 유지할 수 있는가? 앞으로 어떤 모양으로 신앙공동체를 만들어야 하는가? 그런 물음들에 대한 대안의 '하나'로 생활신앙을 제안한다.

앞으로 교인의 신앙생활에 당면한 과제는 지금과는 다른 형태로 변하는 모양을 수용하고 개진(改進)하는 데 있다. 교회로 모이는 신앙활동(교회신앙)을 지켜가면서도 생활신앙을 개진해야 한다. 우선 둘을 교회마다 같다 또는 같아야 한다는 생각에서 벗어나자. 교인들이 처한 환경에 따라 둘은 교회마다 다르다.

교회신앙의 쉬운 예로는 예배 형식을 들 수 있다. 앞으로도 지금과 크게 달라지지는 않겠지만 그래도 달라질 가능성은 늘 열어두어야 한다. 교인의 생활이 달라지면서 예배의 참석률을 높이려는 시도는 훨씬 다양해야 한다. 예배 형식에서 전통과 새로운 실험은 공존해야 한다.

개인 신앙에는 상상할 수 없을 정도의 큰 변화가 일어날 듯하다. 지금까지 교회에서 교인을 교육하는 주체는 목사다. 앞으로 목사는 가르치는 자의 역할이 차츰 줄어들어 참여자가 될 수 있다. 교인은 지식을 수용하는 처지에서 참여자가 되어간다. 목사나 교인의 정체성이 달라지는 변화를 겪을 수 있다. 필요한 종교적 지식을 습득하는 방법이 다양해지는 현실에서 교회 안에서의 교육은 위기를 겪는다.

교회 밖에서 교인이 활동하는 공간은 가정과 직장, 그 외의 활동하는 장 등이 있다. 그곳들에서 신앙의 자리매김이 중요하다. 한 주에 2~3일을 교회에 출석하는 교인은 교회 밖의 활동을 덜 중요하게 여길 수 있다. 주일 하루만 출석하는 교인은 신앙적이지 않은 주중 활동에서 생활신앙이 필요하다.

전철에서 스마트 폰으로 성경을 읽는 이를 본 적이 있다. 장례식장에서도 성경·찬송가 책 대신 스마트 폰을 사용한다. 스마트 폰 없이 생활할 수 없는 현실이 되었다. 그것을 사용하는 프로그램은 다양하게 개발되어 있다. 종교와 관련된 이모티콘이 더 활성화되면 좋겠다. 개수가 더 많아지고 내용도 다른 것이랑 견줄만해야 교인들은 구매한다.

줌을 통한 비대면 모임은 교인 생활에 일상화되어 간다. 70대 교인들도 줌으로 모인다고 한다. 소통을 위한 새로운 플랫폼을 더욱 적극적으로 활용해 공간의 제한 없이 함께 만날 수 있도록 해야 한다. 새 플랫폼을 사용하지 않을수록 앞으로의 변화에 적응할 수 없다.

교인에게 교회에서 하는 신앙 활동도 있고 개별적으로 필요한 신앙 활동도 있다는 현실을 위의 예들을 통해 알 수 있다. 둘이 함께하는 활동을 '생활신앙'이라 부르자. 기도나 성경 읽기는 기본이고 그 이상이 필요하다. 교회에서, 그리고 가정과 직장에서도 신앙에 따라 살아가는 삶을 생활화해야 한다.

생활신앙에서 개인 신앙을 강조하다 보면 개인의 개별화된 생활양식만 도드라져 약점이 드러난다. 신앙의 공공성이나 공동체성이 약해지면, 다르게 말하면, 개별화된 개인이 공동체의 일원이 될 수 있을까? 개별화된 생활양식에서 공동체의 종교성을 품을 수 있을까?

사회 안에서 개인은 개별화될수록 고립된다. 고립된 개인은 필요에 따라 유동적으로 연결된 모임을 활성화한다. 모이고 헤어지기를 반복한다. 여러 번 반복하면서 상호이해에 따른 이기적인 필요에 따라 연속성과 지속성을 품는다. 개인은 고립된 생활양식에서 벗어날 수 있다. 사회 안에는 그런 약점을 극복하는 공동체가 필요하다.

교회는 그런 필요의 대안이다. 고립된 개인을 서로 연결하는 매개로 '사회 안에 있는 교회'가 필요하다. 목회자의 역할 또한 '사회 밖에 있는 교회'와는 달라질 수밖에 없다. 사회 안에 있는 교회에서는 생활신앙이 필요하고 목사의 도덕적 성찰이나 영성이 더더욱 중요하다.

생활신앙은 교회의 건물을 중심으로 여기지 않고 교인이 교회에서의 활동과 더불어 생활 전반으로 신앙을 확장한다. 교회는 다양한 생활이 교인에게 부여된 의미를 신앙적 언어로 승화한 생활신앙을 제공해야 한다. 교회 안과 밖에서 활동하는 교인의 모든 생활은 신앙으로 살아내는 삶이다. 생활신앙은 신앙을 교회라는 공간뿐만 아니라 일상이라는 넓은 공간으로 확장된다. 따라서 '신앙으로 삶을 말한다'라고 주장한다.

5장 교회 조사 방법

13. 지역사회 안에 있는 교회

지금까지의 내용이 교회를 이해하는 데 추상적이고 이론적이었다면, 남은 내용은 실용적이다. 제5장(교회의 환경·문화·과정·자원·리더십, 그리고 교회에 감춰진 이면의 역동력)은 교회를 분석하고 이해하는 틀을 제공하며, 나머지 제6장과 7장 초반 부분에는 교회 선교에 관한 내용을 소개한다.

먼저 교회가 위치하는 지역사회인 '환경'(ecology)이다. 여러분이 지역사회에 대해 아는 방법은 간단하다. 교회 주위를 걸어 다녀보면 알게 된다. 네이버나 티맵 지도를 따라 걸어보라. 도보로 출석하는 교인처럼 그들이 어떤 길을 따라 교회에 오고 가는지 확인해 보라. 길에는 상가, 학교, 의원 등 다양한 건물들, 더불어 교인들이 자주 찾는 곳들도 알게 된다.

다음은 버스를 이용하여 넷 혹은 다섯 정거장을 지나 내려 보라. 무엇을 보았는가? 교인뿐만 아니라 지역 주민들이 자주 이용하는 곳들이 어딘지 파악해 보라. 또한 그들의 이동 경로를 따라가 보라. 시간을 달리해 버스를 타면 시간대에 따라 대중교통을 이용하는 주민들이 다르다는 사실도 알 수 있다. 도보로 교회에서 2~3㎞, 버스로 5~10㎞ 이내에 있는 지역사회를 파악하게 된다.

지역 주민의 관심사는 무엇인지 알고 있는가? 그들의 일터가 지역사회 안에 있는지 벗어나 있는지, 문화 활동을 위해 가는 곳은 어딘지, 좋아하는 마트·카페·식당이 어딘지, 지역 주민의 수는 얼마나 되는지, 지역 내 우세 정당은 어느 쪽인지 등으로 지역사회에 관한 여러 정보를 얻을 수 있다. 구(군)청 홈페이지에서 지역사회에 관한 통계적 정보도 얻을 수 있다. 구(군)의회의 의정활동으로 지역 현안 또한 알 수 있다. 큰 노력을 들인다면, 지역사회의 과거를 알 수 있고 미래에 어떤 변화가 일어날지도 알 수 있다.

없어지거나 새로 생긴 건물을 파악하면 그것들로 지역 주민들에게 미친 영향이 무엇인지 알 수 있지 않을까? 사라진 건물에 있던 식당으로 인해 주민의 생활이 달라졌다면 지나친 비약일까? 새 건물에 생긴 상가로 주민의 이동 경로가 달라질 수 있지 않을까? 그런 방법으로 지역사회의 변화를 파악한다면, 지난 30년간 달라진 게 상당하다는 사실을 알 수 있다.

교회에 속한 교인들은 누구인가? 그들 대부분은 지역 주민인가?

그들의 일터는 지역에 있는가? 그들이 자주 다니는 상가나 선호하는 센터, 자주 애용하는 식당은 지역 내에 있는가? 그런 질문들을 통해 목회자는 교인들의 일상생활을 알 수 있고, 또한 지역 주민의 생활을 이해할 수 있다.

대략 30년간 지역사회의 변천을 칠판에 10년 단위로 분류한다면, 지역에서 무엇이 달라졌는지를 일목요연하게 볼 수 있다. 구(군)청이나 구(군)의회에서 얻은 정보를 더한다면 지역 인구수나 달라진 지역 현안도 첨부할 수 있다. 신구 건물을 포함하면 지역 내의 경제 활동 상황도 포함할 수 있다. 지역사회를 넘어 시나 도까지 확장해 보라. 더불어 한국이나 세계까지 포함하면 너무 복잡한가? 세계화 속에서 지역사회의 변화를 엿볼 수 있지 않을까?

그렇게 얻어진 정보를 여러분 교회에 대비해 보라. 교역자 교체, 건물 신축·보수, 교인의 증감, 선교 활동 등과 비교해 보라. 여러분 교회가 지역사회의 변화에 어떤 영향을 받았는지, 세계화로 인해 달라진 내용은 무엇인지, 또한 여러분 교회의 사역이나 선교가 어떻게 혹은 무엇이 달라졌는지도 알 수 있다. 앞으로 교회는 어떻게 혹은 어디로 가야 할지가 보이지 않을까?

달라진 환경이 시사하는 점들은 무엇인가? 우선 지역사회의 '유동성'이다. 고정되어 있지 않고 늘 달라지고 있다. 30년 동안 지역 주민이 달라졌으며 지역 상권도 달라졌다. 건물은 신축되고 건물에는 새로운 업종의 상가가 개업하고 주민의 이동은 여전하다.

다음은 주민의 '이동 거리'다. 30년 동안 자가용의 대중화와 대중교통의 발전으로 이동이 가능한 거리가 멀어졌다. 경제 활동 지역과 거주지역이 다르게 생활하는 주민들이 많아졌고 지역사회에서 벗어난 활동이 많아졌다. 지역사회의 경계가 점차 사라진다.

셋째, 지역 주민이 달라지고 있다. 지역 주민의 '상호관계성'이 차츰 낮아진다. 아파트 옆 동에 사는 주민을 모르는 게 당연하고 같은 동일지라도 엘리베이터 안에서 잠깐 만나볼 뿐이다. 다가구주택도 다르지 않다. 익명성(anonymity)이 지역사회 구석구석까지 들어와 거주자 사이의 소통 단절은 삶을 위협하는 요인으로 작동한다.

지역사회를 바꾼 대표적 예는 재개발이다. 과거의 모습을 아예 찾을 수 없고 지역 주민도 모두 바뀌었다. 전혀 다른 곳이 되었다. 이주자들을 이어줄 끈은 무엇인가? 1970년대 서울 강남 지역에서 대형 교회들이 생겨난 근거를 아래와 같이 설명한다(이성우, 「한국대형교회 문화 흐름에 대한 반공주의 영향 연구」, 157).

> 새롭게 조성된 강남 지역에서 이주민들은 전통적 지역성을 상실한 낯선 도시 환경 속에서 새로운 인간관계가 필요하였다. … 기존의 공동체가 붕괴되거나 그 기능이 약화될 때 사람들은 새로운 공동체를 찾으려 움직인다. 교회는 그들을 위한 친밀한 공동체 기능을 잘 수행하는 조직체가 되면서 새로운 이주민을 위한 지역사회를 통합하는 기능을 수행하였다.

50년이 지난 지역사회 생태계는 1970년대와는 다르다. 유동적 사회에서 이동 거리는 길어졌고 이동 수단도 개인화되었다. 지역성이나 가족주의와 같은 과거의 공동체성으로는 익명성을 극복하지 못한다. 재개발 지역에서는 탈지역화된 공동체성으로 지탱한다. 구심점이 될 만한 새로운 지역성(regionality)이 필요하다.

지역성이 약화되면서 교회에서 10㎞ 이상 떨어진 지역에서 출석하는 교인들이 많아졌다. 이사를 하더라도 교회를 옮기지 않는 교인이 점차 늘어난다. 교회 건물의 활용 빈도는 점차 낮아지고 교인의 주일 외에 다른 날의 교회 활동 참여는 줄어든다. 장거리 교인이 많은 교회에서 교회학교는 위기를 겪는다.

지역공동체를 만드는 지역성은 무엇인가? 동이나 면과 같은 행정 단위가 지역성을 나타낼까? 주민의 활동으로 찾을 수 있을까? 종교도 지역성을 나타내지 않을까? 지역사회의 소통은 비록 적지만 다양한 단위로 개별적으로 움직인다. 종교가 지역성을 나타낸다면, 교회의 지역성을 나타내고 유지하는 방법은 무엇인가? 주민들이 "그곳에 ○○교회가 있어"라는 '알고 있음'이지 않을까? 건물만일까? 다른 것은 무엇이 있을까?

지역사회의 외형적인 부분만이 아닌 주민들도 달라지고 있다. 주민들의 마음도 변하고 그들의 활동하는 공간은 지역사회를 벗어나고 있다. 교회는 일부 장거리 교인이 있더라도 여전히 지역사회 안에 있다. 예외는 있지만 장거리 교인이 늘어날수록 교회의 장래는 어둡다. 지역사회가 달라지면 교회도 달라져야 한다. 무엇이 달라지고 있는지를 깨닫는 부분부터 교회의 미래를 준비해야 한다.

14. 교회를 알리는 문화: 교회 문화

한 해 동안 주일예배에서 불렀던 찬송이 어떤 노래들이었는지 파악해 본 적이 있는가? 교인들이 즐겨 부르는 찬송은 무엇인가? 주일예배에 찬송과 함께 복음송, 혹은 CCM을 부르는가? 그런 물음들에 대답하다 보면 교회마다 선호하는 찬송이 다르고 세대에 따라 좋아하는 노래 스타일이 다르다는 사실을 알게 된다. 그것을 교회 문화라 불러도 되겠는가?

교인들이 교회에 와서 맨 먼저 들리는 공간은 어디인가? 예배당인가, 사무실인가, 아니면 주방 혹은 다른 곳인가? 먼저 찾는 곳에 따라 교회마다 교인의 신앙 양태가 다르다고 주장한다면 비약인가, 아니면 공감하겠는가? 그것을 교회 문화라 불러도 되겠는가?

예배당 안에 십자가 외의 다른 조형물이 있는가? 국기는 있는가? 배너에는 성경 구절이 있는지, 아니면 비전 같은 표어 등의 다른 내용이 있는가? 강대상은 하나로 중앙에 있는지, 아니면 둘이라 양쪽에 있는가? 십자가는 어떤 재료이고 모양인지?

그런 요소들을 교회 문화라 불러도 되겠는가? 교인들이 신앙을 말할 때 즐겨 사용하는 성경 구절은 무엇이고 성경 속 등장인물은 누구인가? 설교에서 자주 인용하는 성경 구절, 예화 등은 무엇인가? 감리회의 교리나 사회신경을 설교에서 혹은 성경 공부를 하면서 사용하는가?

그런 물음들을 체계적으로 정리하면 교회마다 교회 문화에 차이가 있음을 알게 된다. 따라서 교회 문화의 중요성을 알 수 있다. 더불어 교회 문화를 신앙이라 한다면 공감할 수 있다.

일반적으로 사람이 태어나 성장하면서 소속된 집단의 생각·감정·행동 등을 학습하며 습득하는 집단적 정신 프로그램을 문화라 부른다. 문화가 오랜 기간에 걸쳐 만들어지면서 사람들은 그것을 있는 그대로 받아들이고 거부하며 새롭게 생겨난다. 문화는 고정되지 않고 환경과 시대, 혹은 상황에 따라 달라진다. 교회 문화도 일반적 문화의 속성과 다르지 않다.

교회 문화는 우선 교회마다 다르다. 같은 찬송을 예배 시간에 부르더라도 그 안에 담긴 의미는 교회마다 다르다. 같은 성경 구절을 사용하더라도 설교의 내용이 달라지는 이유도 마찬가지다. 일반적인 문화처럼, 교회 문화도 교인들이 허용할 수 있는 범위에 따라 수용하거나 거부하는 근거가 된다. 좋은 프로그램이라 해도 교회마다 수용과 거부는 다른 양상을 띤다.

교인들은 교회 문화를 어떤 방식으로 받아들일까? 그들은 교회 문화를 정형화된 체계(교리)로 받아들이고 특정한 양식에 따라 익숙한 행동으로서 드러낸다. 교회 문화가 신앙생활의 양식일 때 그것은 교회에서만 아니라 일상생활에서도 드러난다. 반복된 행위를 통해 교인들이

'살아가는 삶의 의미'를 제공한다.

교인들은 삶의 의미를 제공하는 신앙생활을 공유한다. 그들에게서 특별한 의미를 지닌 말이나 행동으로 사용한다는 사실을 발견할 수 있다. 표현은 개인의 체험이기도 하고 때로는 교회에서 통용, 다르게 말하면, 공유된 표현을 자기 것으로 사용한다. 표현에 자신을 이입하는 '동일시' 현상은 중요하다. 개인의 체험이 아니더라도 교회에서는 '일체감'을 제공하는 기능을 담당한다.

동일시와 일체감에 이바지하는 전이(spread)는 교인이 되는 '통과의례'로 작동한다. 만일 누군가 전이에 딴지를 건다면 어떻게 될까? 교회 생활이 힘들어진다. 목사도 예외는 아니다. 전이는 개체교회만의 독특한 가치체계로 승화되어 있으므로 누구도 무시할 수 없다. 그것은 관행이나 전통으로 드러나고 혹은 텃새로 작용한다. 따라서 전이에는 모방이 따른다.

교인이 되려면 기존 교인의 행동을 '당연히 따라야 한다'라는 측면에서 모방이다. 예를 들어, 어느 교회에서 방언을 신앙에 중요한 가치로 여긴다면, 방언을 못 하는 사람은 교인으로 여기지 않는다. 어떤 교회는 성경 공부를 이수하지 않은 사람이라면 교인으로 받아들이지 않는다. 교회마다 교인이 되는 절차에는 '강제성'이 있다는 뜻이다.

강제성에는 긍정과 부정이라는 양면성이 있다. 소속감과 일체감을 제공하는 장점도 있다. 단, 기존 교인이 우리 교인이라고 승인하기까지 새 교인에게는 심리적 불편함이 있다. 승인이 기존 교인과 같은 신앙관이나 가치관을 따른다는 증명이므로 새 교인에게는 기간이 필요하다. 승인될 때까지 새 교인은 기존 교인과 잘 어울려야 하고 같은 신앙적 말과 행동을 해야만 한다. 그렇지 못할 때는 교회를 떠나거나 예배만 참석하며 지낸다.

기어츠(Clifford Geertz)는 『문화의 해석』에서 종교는 삶을 해석할 수 있는 기호들의 체계이므로 사람들에게 '의미의 망'(webs of significance)을 제공한다고 했다(1998년). 그는 종교를 문화적 상징체계이자 삶의 실현으로 보았다. 교인이 되는 절차는 교리를 넘어 일상생활에 영향을 미치는 규범으로 작동하고 교인의 가치관과 세계관으로 승화한다. 따라서 종교의 문화적 상징 체계로 교인의 삶을 해석하는 의미의 망인 교회 문화는, 교인의 종교적 영역을 넘어 일상생활의 영역까지 일어나는 일들이나 사건들도 해석하는 토대가 된다.

우리는 교회의 여러 활동에서 교인으로 살아간다. 활동과 경험은 우리가 매우 잘 알고 있는 익숙한 생활이자 보편적 경험들이다. 그래서 우리는 이런 활동들을 딱히 교회 문화라고 특정하여 구분하지 않는다. 새 신자가 교인이 되는 교회 문화가 오히려 방해 요소로 작동하지는 않을까? 교회학교를 졸업하고 성인 예배에 참석하려는 학생에게는 본인에게 익숙한 교회에서 낯선 경험이라고 느끼지는 않을까?

교회 문화를 알아야 한다고 제안하는 이유를 알아보았다. 교회 문화가 교회에서 선명할 때 교인의 교회 활동이 활발하고 신이 난다. 그것이 강제적이라면 기존 교인이 아닌 사람들에게는 낯설게만 느껴진다. 그것은 지역사회에 교회를 소개하는 통로가 된다. 그것과 분리된 새로운 계획은 교인이 수용하지 않을 여지가 다분하다.

교회 문화는 교인을 움직이는 힘으로 삶에 의미를 제공한다. 희로애락을 해석하는 의미의 망이므로 교회를 떠나 살 수 없다. 교회 안에서의 여러 활동에 참석하며 헌신을 마다하지 않는 이유도 그것 때문이다. 그렇기에 교회 문화는 교회와 교인의 정체성을 표현하는 상징 체계이며, 교회의 신앙이라 불러도 된다. 그것이 잘 드러나지 않는 교회에서는 어떤 현상이 발생할까?

15. 교회는 어떤 절차를 거치는가: 교회 과정

우리 교회는 어떤 절차를 거쳐 일을 진행하는가? 결정권자는 누구인가? 절차의 과정에서 겉으로 드러나지(보이지) 않는 힘으로 인하여 결정이 달라지는가? '과정'(process)이란 교회에서 일을 계획하고 결정하는 절차에 관계된 사람들 사이에서 발생하는 '역동성이 무엇인지를' 파악하는 작업이다. 과정에는 '무슨 일이 일어났는가?'보다 '어떻게 그런 일이 일어났는가?' 하는 관점을 중요하게 여긴다.

교회 안에서 소문이나 험담이 잦아질 때, 예배나 회의·모임 참여율이 떨어질 때, 교인들이 냉소적이고 지쳐 보일 때, 갈등이 잦아질 때, 교회 리더들은 "이게 뭐지?"라고 생각하며 평소와 다른 분위기를 느낄 때가 있다. 그들은 어떻게 해야 할지를 고민한다. 그럴 때, 그들은 어떻게 그렇게 되었는지를 살펴보아야 한다. 즉, 과정이다.

    과정을 다르게 말하면 '절차'이지만 포괄적으로 설명하고자 과정이라는 단어를 사용한다. 절차에 따라 기록을 남긴다면 그것은 공식적이라 하겠고, 그렇지 않다면 비공식적이다. 여러분의 교회는 어떠한가? 교회마다 둘 다 병행한다. 공식적인 절차에는 반드시 비공식적인 절차가 따른다. 거기에는 교회의 관행이 중요하게 작용한다. 교회 규모에 따라 차이는 있으나 암묵적인 합의(관행)라는 비공식적인 절차는 공식적인 절차보다 더 힘을 발휘할 수 한다.

    비공식적인 절차는 교회를 움직이게 하는 '보이지 않는 힘'이다. 힘은 리더와 관련되므로 교회의 리더십 주제를 이야기할 때 설명하겠다. 과정에서 힘은 권위와 리더십 문제다. 과정에서 힘을 말할 때, 교인들이 교회 리더(들)와 리더(들)의 권위와 리더십을 어떻게 수용하고 평가하는지를 알려준다. 리더(들)의 권위와 리더십은 공식적으로는 교회 내규와 관행에 따르고 때로는 비공식적인 암묵적 합의로 진행된다. 권위와 리더십은 교회마다 다르다는 사실을 꼭 기억하자.

    리더의 역할 뿐만 아니라 교인의 역할도 교회에서는 반복적으로 달라진다. 하지만 익숙하고 필요한 역할이므로 당연히 긍정적으로만 여긴다. 교회 안팎으로 바뀐 환경에서도 역할이 반복하므로 받아들이기 힘들어질 때가 생긴다. 과정은 역할 수행이 교인에게 갈등을 일으킬 수 있다는 사실을 알려준다. 경직된 역할은 갈등의 원인으로 작동할 수 있다. 역할은 상황에 따라 유연해야 한다는 점을 꼭 기억하자.

교회에 갈등 혹은 충돌이 일어날 때, 과정은 교회를 실질적으로 움직이는 힘이 누구에게 있는지를 파악한다. 교회 역사책에는 교회가 위기를 겪을 때를 제대로 기록하지 않는 편이다. 리더는 어떻게 교체하는지도 제대로 알 수 없다. 새로운 교인이 교회에 적응하는 과정도 개인 관점으로만 나타나고 교회 내부의 관행은 잘 드러나지 않는다. 과정은 그것들이 어떻게 작동하는지를 알려준다.

새 목사가 부임하고서 적응하는 동안, 과정은 정말 중요하다. 그는 교인 누구에게 힘이 있는지, 그리고 어떤 경로를 통해 힘이 행사되고 있는지를 당연히 알아야 한다. 명목상 리더도 중요하지만 숨은 힘을 지닌 리더가 누구인지를 파악해야 한다. 새로운 리더십이 정착할 때 보이지 않는 리더와 갈등이 생기면 목회는 힘들어질 가능성이 농후하다. 목사는 공식적인 절차보다 비공식적 절차를 통해 움직이는 교인의 관계나 역동성, 그리고 관습과 관행을 파악하는 과정이 꼭 필요하다.

교인들 사이에서, 그리고 리더들 사이에서 생긴 갈등을 어떻게 바라보는가? 갈등을 교회를 위협하는 문제로 판단하는지, 아니면 변화를 향한 기회로 바라보는가? 성경에서는 갈등을 신앙에 필요한 요소로서 받아들인다. 하나님의 뜻을 따랐던 사람들은 기존의 습성과 관행에서 벗어나려 할 때 갈등을 겪으면서 신앙을 얻었다. 그것을 인정한다면, 우리는 갈등의 긍정적 요소를 발견하게 되며 신앙은 반드시 갈등을 수반한다는 사실을 깨닫는다. 그것을 '창조적 긴장'(creative tension)이라 부른다.

안정에서 변화로 넘어가는 과정에서 생기는 갈등을 자연스러운 현상으로 바라볼 때 생산적인 결과를 낳는다. 그렇지 않을 때는 파괴적인 결과를 초래한다. 안정과 변화 사이에서 일어난 갈등인 창조적 긴장은 안정된 계획과 즉흥적 시도, 효과적으로 집중된 힘과 넓게 퍼진 권위, 분명하고 명확한 규칙과 임의적인 과정, 변화를 추구하는 리더십과 체계적인 운영의 지속, 변화의 창조성과 안정된 연속성 등에서 생겨난다.

짐멜(Georg Simmel)은 갈등의 반대를 '무관심'이라 했다. 갈등이 교회를 향한 교인의 애정이나 관심을 드러내는 수단일 때, 갈등은 교회를 향한 헌신의 표현으로 승화한다. 갈등을 표출하는 동안 교회의 목표를 분명히 하고 분위기를 쇄신하는 교인의 의무를 재확인한다면 갈등은 생산적으로 작용할 수 있다. 따라서 갈등은 교회의 문화, 리더십과 권위의 구조, 교인의 잠재적 관계성 등을 파악하는 과정이다.

교회가 큰 상처를 입으면 교인은 치유 받을 수 없을 아픔을 겪는다. 많은 교인은 명백한 증거가 있음에도 받아들이지 않고 침묵한다. 대다수는 추락한 리더의 이야기를 들으려 하지 않는다. 들쑤셔 놓은 교인을 오히려 비난한다. 리더에게서 멀어지므로 깨어진 신뢰를 드러낸다. 상처받은 교인에게 다른 일로 덧대는 방식에 교인은 거리두기로 대응한다. 상처는 영적 회복으로 시작해야 한다.

과정은 교인 생활을 들여다보는 행위다. 겉으로 드러난 행위를 포함하여 보이지 않는 잠재성도 보여준다. 절차의 공식과 비공식에서 리더를 세우고 새 신자의 교회 정착을 가로막고 갈등에 이르는 여러 방면에서 과정은, 교인을 움직이는 힘이 행사하는 통로를 보여준다. 교회가 어떻게 작동하는지를 알려준다. 겉으로 드러나는 통로보다 그렇지 않게 작동하는 보이지 않는 역동성을 보여준다.

과정에서 신앙을 가로막는 장애물을 찾을 수 있고, 신앙을 촉진하는 통로도 엿볼 수 있다. 과정은 갈등이 창조적 긴장을 거치면서 새로운 비전을 향한 플랫폼으로 승선하도록 돕는다. 과정을 이해하면 목사나 교인 모두 하나님의 신실한 사람으로서 자신들이 해야 하는 일들을 찾을 수 있고, 건강한 교회를 세워 가는 데 복음 이외의 다른 유혹에서 벗어날 수 있다. 따라서 과정은 교회와 교인을 움직이게 만드는 힘을 파악하고 이해하도록 돕는다. 과정은 교회를 움직이는 힘이다.

16. 교회의 자원: 누구를 위해 무엇을 하는가?

교회 자원을 말할 때 전제는 교회마다 다르며 사용에도 한도가 있다. 자원의 많고 적음보다 어떤 목적으로 자원을 사용하고 재원을 마련하는지가 더 중요하다. 교회는 자원을 사용하는데 초점을 둘지, 아니면 재원을 마련하는 데 집중할지도 중요하나, 여기에서는 다루지 않는다.

교회를 방문하면 예배당 귀퉁이 혹은 비품 창고에 드럼이 있다. 다들 한때 사용했었고 지금은 방치된 상태다. 그러한 사연을 모르는 이들에게는 믿음이 없을 듯하고 교회의 모습이 스쳐 지나가는 쓰라림과

아늑함이 녹아있다. 유행에 따라 구매했던 것들은 드럼뿐이었을까?

교회 자원은 교회를 유지, 운영하고 선교의 목적을 이루는 데 필요한 재화(財貨)와 용역(用役)을 뜻한다. 유형과 무형 자원이 있는데 전자는 인적·물적 자원으로 교인, 재정과 자산, 부동산이라 한다면, 후자는 영적 자원인 교인의 공유된 경험(충성과 헌신), 지역사회의 평판(신뢰)으로 나눌 수 있다.

교회가 복음 전파라는 본연의 목적 외, 지역사회 또는 특별한 목적(재난 지원)을 위해 자원을 사용할 때 교회 자원은 '사회적 자본'이 될 수 있다. 사회적 기능을 수행하는 교회의 활동도 자원에 포함한다. 교회마다 자원을 활용하는 방법은 교회의 성격이 반영되어 있고 교회의 전통을 유지하는 수단이 된다. 따라서 자원의 사용 방법에 따라 교인의 관심, 정체성, 그리고 가치관을 아우르게 된다.

교회만큼 다양한 구성원으로 조직된 집단은 없다. 교육 수준, 직업, 경제력, 나이, 성별 등 엄청 다양하다. 4세대가 함께 출석하는 교회도 있다. 그렇게 다양한 구성원이 모인 집단은 교회 외에도 있을까? 여러 교인을 파악하면 그들이 지역사회에서 무엇을 하는지, 누구와 연결되어 있는지 등도 알 수 있다.

교인들이 교회에서 가장 중요한 자원이지만 사역에 참여하기 전에는 '잠재적'이다. 잠재적인 인적 자원의 많고 적음이 아니라 가용할 수 있는 자원으로 어떻게 사용될지가 중요하다. 자원의 활용은 교회의 정체성, 비전, 그리고 문화에 근거한다. 예를 들어, 해외 선교에 중점을 두는 교회에서는 많은 교인이 참여한다.

물적 자원은 동산과 부동산으로 분류되고 어떤 목적으로 사용하는지가 교회의 정체성을 반영한다. 예를 들어, 선교 센터가 있는 교회는 선교에 많은 자원을 사용한다는 뜻이다. 교인들도 그것에 큰 관심을 두고 있다는 점을 알 수 있다. 선교를 담당하는 교회라는 정체성을 나타내며, 선교 문화가 교회의 주요한 활동이라는 사실을 드러낸다.

교회의 무형 자원으로는 영적 자원과 사회적 평판을 들 수 있다. 교회 건물이 교인에게(지역 주민에게도) 정서적 안녕을 보장하는 영적 보루이다. 역사성을 지닌 건물이라면, 혹은 많은 주민이 모이는 공간이라면 유형의 자산만은 아니다. 영적이라는 의미를 교인과 교회에만 사용하지 않는다면, 교회의 유형 자원을 영적(무형) 자원으로 활용할 수 있다.

교회를 향한 교인들의 충성이나 헌신도 무형 자원이다. 흔히 신앙의 척도라고도 할 수 있는 교인들의 참여도가 이에 해당한다. 교회 건물을 결혼식과 장례식 같은 생애주기에 사용한다거나 연주회 장소로 활용하기도 한다. 교회가 상징적 의미를 포함하는 공간이 될 때 사람과 사람, 세대와 세대를 이어주는 가교의 공간이 된다. 그곳에는 가족사가 있고 함께 살았던 교인의 삶이 깃들어 있다. 배너는 교인의 신앙을 품는다. 어느 하나도 교인의 삶과 분리될 수 없다.

'제단의 불을 끄지 말라'(레 6:12)는 불이 십자가의 전등으로 바뀌었을지라도, 여전히 교인들은 거기서 마음속으로 하나님의 임재를 느낀다. 전등이 꺼졌다고 불안해하는 교인도 있고, 건물의 개보수로 인해 상실감을 느끼는 교인도 있다. 특히 예배당에 있는 조형물이나 가구들도 특정 교인과 관계가 있는 경우에는 교체할 때 갈등이 일어나기도 한다.

그것들에는 교인의 삶에 연결된 '의미의 망'이 있으므로 그것의 사라짐은 '존재의 상실'로 느껴지게 될 수도 있다. 그것들을 교체하는 행위에는 분명히 그들의 공감이 있어야 하고 변화를 받아들이는 애도의 시간도 필요하다.

교회가 반세기 넘은 건물이고 규모도 작지 않으면, 지역사회를 어느 정도 대신할 수 있는 공간이 된다. 교인만이 아니라 지역 주민의 일상에서도 교회의 존재를 찾을 수 있다. 교회 건물은 상징적으로 지역사회와 교회를 이어준다. 지역에 거주하는 교인들과 지역 주민들은 상업적인 이유로 교회와 상호관계를 맺는다.

사람과 사람을 이어주는 집단은 많으나, 이익이나 관심에 따른 편향성에 의해서 중립을 지키기는 힘들다. 신뢰는 하루아침에 생겨나지 않는다. 엎치락뒤치락 반복하며 신뢰는 조금씩 쌓여간다. 교회를 향한 지역사회의 신뢰는 긴 역사를 지닌다. 그렇게 쌓인 교회의 신뢰는 사회 안에서 주요한 자본이 된다. 그런 교회가 있는 지역과 없는 지역에 사는 주민들의 삶은 다르다.

주민들에게 교회는 눈에 보이는 건물 이상의 의미를 지닌 상징적인 공간이다. 지역사회를 위한 영적 보루이다. 교회는 주민들의 생활을 넘어 영적 차원에서 위로와 돌봄을 제공한다. 삶의 위기를 겪으며 교회에 가보고 싶은 마음이 생길 때 찾아갈 수 있는 교회가 지역에 있다는 사실만으로도 위안이 된다. 신뢰받는 교회는 사회적 평판인 교회 자원이다.

교회는 신앙을 목적으로 모인 집단이지만 지역사회와 유기적 관계를 맺는다. 교회의 자원은 교인과 교회를 위한 활용을 넘어, 선교만 아니라 지역사회를 위해 사용된다. 자원의 사용 용도에 따라 교회의 정체성은 드러난다. 교회가 위기를 겪을 때, 교회의 정체성을 되짚어 보아야 한다. 위축된 교회 현실이 위기가 될지, 아니면 새로운 도약의 발판이 될지는 교회의 비전과 연결된다. 빈약한 자원이라도 발판으로 사용될 때 교회의 미래는 열려진다.

교회가 지역사회에 존재하는 모습을 "어디에나 교회가 있잖아!"라고 생각하지 않았으면 한다. 교회는 개교회만의 자원이 아니다. 지역사회 안에서 종교적 기능을 수행하는 집단이다. 상징적인 측면에서는 지역 주민을 돌보는 영적 기능도 있다. 교인과 교회를 위해, 그리고 지역사회를 위하는 마음과 태도를 품고 교회 자원을 사용하여야 한다.

교회 자원을 사용하는 기준은 마음 씀씀이에 달려있다. 좁은 마음으로 일한다면 작은 일만 하게 되고 자원을 낭비한다. 반대로 넓은 마음으로 일한다면 적은 자원도 더 크게 채워진다.

17. 교회의 리더십

교회의 리더는 누구인가? 리더는 어떻게 선출, 또는 임명되는가? 리더의 권위는 무엇이고 어디에서 오는가? 리더의 역할과 기능은 무엇이며 어떻게 정의하는가? 우리는 리더에 관해 많은 궁금증을 품고 교회의 리더십에 관심을 가지며 'ㅇㅇㅇ'의 리더십으로 정의한다. 그것의 근거로 성서의 인물을 내세운다. 또한 다른 학문의 도움을 받아 리더십의 특성이나 성격을 정리한다.

우리가 생각하는 리더십은 귀납, 연역으로 결과적인 측면에서 정의된 유형들이다. 인물의 능력과 그에 따른 성과를 따진다는 의미다. 위계질서보다 수평적 기능 분화를 기준으로 하는 리더십이다. 그런 리더십 정의에는 '섬김'이 있느냐 없느냐, 하는 개념의 차이는 있을지라도 현실에서는 별 차이가 없어 보인다.

리더십보다 먼저 교회의 리더는 누구인지 이야기해 보자. 우리는 흔히 목회자나 장로(권사)를 리더라 부른다. 지위(status)에 따른 기준이다. 지위를 얻기 위해서 개인은 자격을 갖춰야 한다. 조직은 그런 개인에게 권위를 부여하며 리더로서의 활동에 정당성을 덧댄다. 교회에서 그런 리더는 공식적으로 '드러난'(revealed) 리더이다. 다르게 말하면, 공식적인 리더이다.

하지만, 교회마다 지위 여부와 상관없는 리더도 존재한다. 그들은 '숨겨진'(hidden) 권위를 가진 교인이다. 그들은 안정적인 상황보다 위기에 놓인 상황에서 두각을 나타낸다. 안정을 찾은 후 사라지기도 하고 드러난 리더로 지위가 바뀔 수도 있다. 교회에서는 드러난 리더와 숨겨진 리더라는 두 유형이 있다.

교회가 처한 상황과 현실에 관한 이해를 돕고, 당면한 문제를 해결하여 하나님의 구속적 통치를 수행하는 비전을 실현하는 신앙공동체를 세우는 일을 리더십이라 정의하자. 하지만, 리더의 역할은 교회의 전통, 교회의 규모, 그리고 교인의 기대에 따라 달라진다. 여기서는 리더의 개인적 측면은 다루지 않으나, 리더십은 교회마다 다르다는 현실을 강조한다.

교회 현실의 이해와 비전 구현에서 교회의 정체성(예를 들어, 선교하는 교회)을 교인의 일상생활에서 찾을 수 있어야 한다. 생활화하지 못한 정체성이라면 교인은 교회 생활에 만족을 느끼지 못한다. 그럴 때, 교인의 기대는 리더십 정의와 다른 방향으로 이어질 수 있다.

그런 기대는 관계에서 생긴 서운함으로 생겨나지만, 겉으로는 리더의 자질과 능력 부족으로 표현된다. 쉽게 말하면, "요즘, 우리 목사님, 설교가 부실해!" "○ 장로님은 왜 저래?" 등과 같은 말로 리더십에 생채기를 낸다. 이런저런 불만을 통해 자기를 교회의 현실 혹은 미래를 걱정하는 교인으로 이미지화한다. 또한 교회에서 리더의 능력이나 자질, 성품 등을 깎아내리는 말이나 행동은 잦아진다.

리더의 권위와 리더십은 분리될 수 있다. 교회에서 공식적 권위가 막히면서 숨겨진 리더의 비공식적 권위가 수면 위로 나타나 움직인다. 공식적 리더와 교회는 권위에 위기를 겪는다. 재정이나 교인 감소와 같은 가시적인 현상은 숨겨진 리더에게 힘을 실어줄 수 있다.

공식적 리더의 리더십의 부족은 점차 교인의 눈에 잘 드러나고 단점만 두드러진다. 그럴 때 교인의 관심을 바꿀 계기가 필요하다. 숨겨진 리더가 그렇게 할 때, 교회는 큰 어려움 없이 위기를 극복한다.

공식적 리더가 위기에 적극적으로 대처할 때, 위기는 교회에 변화를 불러올 수 있다. 리더는 교회에 두 가지를 제시해야 한다. 첫째는 교회가 처한 '현실 이해'이다. 리더가 현실을 잘 파악하지 못하는 배경에는, 교회가 과거의 익숙함에 사로잡혀 관행이나 관습, 혹은 리더의 과욕에서 벗어나지 못하는 데 있다. 성가대 활동이 활발한 교회는 성가대를 유지하려 다른 활동을 멈출 수 있다. 그러면 교회는 어떻게 되겠는가?

또한 교회가 앞으로 닥칠 현실을 무시하는 예다. 무리한 확장으로 교회가 어려움을 겪을 수도 있다. 교회가 처한 현실을 잘 파악하지 못할 때, 교인은 실망하고 좌절하며 갈등으로 이어진다. 교인들이 교회를 떠나거나 분열되는 상황을 초래할 수 있다. 사역은 현실 파악에서 시작한다.

'필요 평가'라는 게 있다. 교회 사역과 교인 활동을 위해 필요한 일을 찾는 작업이다. 교회의 사명을 명확히 하는 사역을 찾아내어, 익숙하다는 이유로 지속하던 사역이나 활동을 점검하는 계기를 마련할 수 있다. 교회 현실에 근거한 가상의 시나리오를 만드는 노력도 필요하다. 리더는 시나리오로 당면한 교회 문제를 극복하고 새로운 사역을 향한 초석을 마련할 수 있다.

두 번째는 '비전 실현'이다. 하나님의 구속적 통치를 실현하는 신앙공동체를 세워야 한다. 교인이 교회를 다니는 이유는 예배에서(다른 활동에서도 마찬가지로) 경험하는 평안, 위로, 즐거움 등이 있겠으나 그것만으로는 부족하다. 교회 출석은 의무가 아니다. 교회 생활에 느껴지는 만족감이 낮은 교인일수록 별것 아닌 일을 부풀려 문제를 크게 만든다.

하나님 나라의 실현은 교회의 사명이다. 그것을 실천하는 일은 교회의 비전이고, 비전 실현에는 교인으로 살아가는 의미를 내포한다. 생활 속에서 그것을 찾을 수 없고 피상적이거나 괴리될 때, 교인은 자신이 누구인지 교회를 다녀야 하는 이유가 무엇인지 알지 못한다. 따라서 교인은 정체성을 상실하고 교인으로 사는 삶에 의미가 없어진다.

비전을 다르게 말하면, '신앙적 가치'다. 신앙관은 교인의 행동에 영향을 미치는 힘으로 삶에 의미를 제공하여 교인으로 살아가게 만든다. 그것은 교회의 정체성을 나타내며, 교인 생활에서 적어도 2~3년 내에는 실행할 수 있는 내용이다. 경직되어서는 안 되고 유연하게 실현할 수 있어야 한다.

리더십은 교회가 처한 상황을 파악하고 하나님 나라의 구속적 통치를 이뤄가는 비전을 개별화하고 실현하는 과정을 뜻한다. 그것은 교인에게 살아가는 의미를 제공한다. 교인은 비전을 실천하고 하나님을 체험하며 더 깊은 신앙 여정을 걷는다. 교회를 다니는 즐거움을 체득하며 하나님의 신실한 자녀라는 확신을 품는다. 리더십은 교회를 위해 헌신하는 리더에게 주어지는 신앙의 몫이다.

숨겨진 리더는 한시적으로 위기에 직면한 상황에서만 나타나야 한다. 신앙적 가치를 위해 활동할 때만 교회에 도움이 된다. 자주 나타날 때는 교회에 어려움을 불러온다. 한국인의 종교적 정서에서 받아들여지는 리더의 성격은 교회의 위계질서, 또는 수평적 기능의 분화에 따른 역할 분담과는 전혀 다르다. 둘의 차이를 잘 파악해야 한다.

18. 교회와 교인에게 감춰진 이면의 역동력

2022년 출판한 책 『교회를 세우는 신앙을 찾아서』(샘솟는기쁨, 2022)에서, 나는 교회를 움직이는 힘을 설명하였다. 그것은 미시사회학자인 고프만(Erving Goffman)을 통해 처음 알게 된 underlife인데, 그것을 '이면의 역동력'으로 번역했다. 고프만의 책 『수용소: 정신병 환자와 그 외 재소자들의 사회적 상황에 대한 에세이』에는 underlife를 '지하 생활'로 번역했다(340). 그의 책들은 읽기 힘든데, 내게는 『수용소』가 가장 힘들었다.

내 책에서 이면의 역동력을 소개한 예는 2살 된 아이가 예배를 방해하는 행동이다. 실제 일어난 행동은 사내아이지만 연쇄 반응으로 목사와 교인이 어떻게 대처하는지가 관심이다. 사실보다 반응이 더 중요하므로, 후자는 교회를 움직이는 이면의 역동력(겉으로 드러나지 않고 숨어있는)이다. 만일 반응이 갈등의 씨앗이 된다면 교회는 어떻게 되겠는가?

예배당에 있던 십자가의 전등으로 담임목사가 어려움을 겪었다. 그는 주중에 전등을 꺼놓았다. 일부 교인은 전임자와 비교하면서 하나님이 없다(?)고 느꼈다며 담임목사를 비난했다. 불평의 이유는 전등이었을까? 아니다. 담임목사를 향한 불만이 전등으로 비화한 사례이다.

전등을 켜놓으면 끝나는가? 드러난 사실보다 그것에 반응한 교인들의 태도를 파악해야 한다. 그런 숨겨진 혹은 감춰진 구조를 파악하는 데 도움을 주는 이면의 역동력을 '교인을 움직이는 힘'이라 정의한다.

주일 점심 메뉴 선택을 놓고 갈등이 생겨난다. 갈등의 원인은 메뉴인가? 메뉴를 결정하는 과정에서 보이지 않는 힘들(교인)의 충돌인가? 갈등은 둘 이상의 힘이 충돌하면서 생겨난다. 부활절, 기념일과 같은 특정한 날 행사에서 주방의 긴장은 훨씬 더 예민해진다. 그런 상황에서 리더(특히 목사)가 중재하려 개입하면 양쪽으로부터 저항을 받는다. 주방의 권세는 생각보다 긴 경험을 가지며 관계에 따라 이어진다.

이면의 역동력으로 파악할 수 있는 내용은 여러 상황에서 다양한 모습으로 나타나고 축적되면서 관행으로 작동한다. 새신자는 관행을 수용하면서 교인이 된다. 관행에 딴지를 건다면 새신자는 교인이 될 수 있을까? 새로 부임한 목사가 관행에 반하는 설교나 행동을 한다면, 목사의 연착륙은 요원하지 않을까? 새신자가 교인으로 받아들여지는 기간은 적어도 7년, 목사가 교회에 변화를 시도하기 전까지 필요한 기간은 적어도 5년은 지나야 한다.

A 목사의 사모는 여성 교인들과 깊은 관계를 맺었다. A 목사가 떠난 후 부임한 B 목사의 사모는 직장으로 인해 여성 교인들과 이전처럼 관계를 맺지 못했다. B 목사와 여성 교인들 간의 관계가 원활하지 못하게 되면서 A 목사 때 없었던 갈등이 생겨났다. 목사와 여성 교인 사이에 매개자 역할(?)일 수 있는 두 사모의 역할은 달랐다. 교회는 갈등을 어떻게 해결했는가?

A 목사네 가정에서 사모의 목소리가 컸다면, B 목사네 가정은 정반대였다. 가정에서의 영향력은 목회에까지 이어졌다. A 목사는 사모

역할을 통해 목회했었고 B 목사는 그렇게 하지 않았다. 교회는 A 사모의 적극적인 활동을 불편하게 여겼기에 B 사모의 활동을 원치 않았다. 교회는 새롭게 생겨난 갈등을 여성 장로(matriarch?) 선출로 해결했을 듯하다.

교회라는 조직 안에서 발생하는 다양한 갈등 속에서 이면의 역동력을 파악할 수 있다면 원인이 어떻게 생겨나는지, 어떤 과정을 거치는지, 그리고 어떤 결과에 도달하는지를 알 수 있게 된다. 그것은 교인이 어떤 양식(樣式)으로 움직이고, 어떤 형태로 모이고 흩어지는지, 그리고 누구에게 힘이 있고 그 힘은 어떠한 형태로 행사(行使)되는지를 파악할 수 있다.

이면의 역동력을 파악했다면, 리더는 무엇을 할 수 있을까? 적어도 세 가지일 듯하다(반응, 대응, 그리고 성찰). 첫째는 리더의 반응이다. 예를 들어, 주방에서 갈등이 생겼을 때, 리더가 중재하려 하거나 대안을 제시하려 한다면, 당사자들은 중재를 그대로 받아들일까? 중재하는 리더의 권위에 따라 달라지겠으나, 당사자들의 앙금은 누적되고 다른 일에서 다른 충돌로 이어질 것이다.

리더의 반응이 당사자들에게 미봉책이더라도, 리더는 대응을 준비해야 한다. 리더는 어느 한쪽의 편을 드는 말로 행동하지 않도록 조심해야 한다. 교회 안에서 갈등이나 충돌은 반복해서 일어난다. 관련된 교인은 달라도 특정 패턴을 띤다. 갈등이 생긴 구조를 파악한다면 리더의 대응은 한결 수월하다. 다음은 대응의 예이다.

○○교회 임원 회의에서 목사는 ○○ 행사를 제안하려 했다. 어떠한 이유로 인해 임원들 간에 다툼이 일어났고 목사는 말조차 꺼내지 못했다. 다들 불편한 마음으로 주일을 맞이했고 온종일 긴장감이 이어졌다. 또 한 주가 지났으나 긴장은 수그러들지 않았다. 목사는 그것에 전혀 대응하지 않았다. 임원들은 목사에게 미안한 마음이 생겼는지 몰라도 긴장이 풀어지게 되었다. 하지만, 그들에게 생긴 갈등은 물밑으로 숨어버렸다.

반응과 대응은 다르다. 대응은 상황에서 어느 정도 거리를 두는 태도이다. 바로 개입하지 않고 시간을 두고서 대처하는 과정을 뜻한다. 더불어 리더가 해결책을 직접적으로 제시하지 않고 당사자들이 스스로 찾아갈 때까지 기다린다. 근본적으로는 당사자들만 아니라 다른 교인들도 상황인식이 필요하다. 이면의 역동력으로 파악된 내용을 통해 성찰(reflexive)의 기회를 제공해야 한다. 나는 그런 과정을 '성찰적 영성'이라 부른다.

성찰적 영성은 리더가 교인 모두에게 제시하는 과제이다. 반응과 대응보다 훨씬 힘들다. 성찰은 생각 전환이다. 상황만이 아니라 생겨난 동기나 과정, 결과를 숙고하면서 행위의 주체인 존재에 관해 성찰하는 것이다. '하나님 앞에 선 인간'이라는 신앙의 물음과 대답도 포함한다. 겉으로는 반응과 대응에 한계가 있다. 시간과 상황, 그리고 사람이 달라져도 상황은 재현된다. 내면에서의 성찰로 이어져야 한다. 이면의 역동성을 마무리하는 과제는 성찰이다.

이면의 역동력에 관한 의미를 위에서 소개한 책에서는 아래와 같이 정리했다(178).

이면의 역동력은 교인이 되려는 사람들에게 소속감을 주기도 하고, 자신의 정체성을 강화하기도 하며, 때로는 교회를 떠나게 만들기도 한다. 그런 기제로 움직이는 구조 안에서 교인은 교회에서 일어나는 다양한 활동을 통하여 존재감을 가지고 살아간다. 그 같은 존재감(경우에 따라 자존감으로 드러난다)은 교회뿐만 아니라 일상적인 활동에까지 영향을 미친다. 공식적인 활동뿐만 아니라 비공식적인 활동에서도 암묵적으로 동화되는 과정을 통하여 교인은 교회의 일원으로 살아간다.

6장 지역사회를 향한 선교

19. 선교를 향한 지역사회 이해

　선교는 선교지역의 '사회와 문화'를 이해하는 데서 출발한다. 한국에 왔던 선교사들이 남긴 글들을 읽다 보면, 그들이 알게 된 그리고 이해한 한국의 사회와 문화에 관한 내용이 참 많다. 그래서인지 선교학과 문화인류학이 연결되었던 시절도 있었다.
　전도와 선교가 경쟁한다. 나는 전도를 선교의 일부로 이해하고, 책에서는 선교와 전도를 구분하지 않고 선교로만 본다. 선교지 경험이 없는 이들이 선교학을 가르친다거나 기술적인 측면만을 강조하는 협소한 선교학이 되었다고 비판한다. 하지만, 신학만이 아닌 사회학, 인류학, 정치학, 경제학 등을 다 모아야 가능한 학문이 선교학이다. 따라서 나는 선교학을 '신학의 총아'로 여긴다.
　선교에 헌신하는 이들에게는 미안한 말이지만, 한국교회의 선교는 사상누각에 불과하다. 특히 해외 선교지역에 교회를 세우는 치적(治績)중심이다. 이를 일러 건설 선교라 부른다. 그렇게 평가하는 대표적인 이유는 두 가지다. 하나는 선교 구조이다. 이전보다 조금은 나아졌지만, 여전히 개체교회 중심 구조이다. 선교지 변화에 빠르게 대처할 수 있다는 장점이 있으나, 빠르다는 게 오히려 장애가 된다. 특정 목소리에 따라서 좌우되곤 하기 때문이다.

교파 밖에 있는 독립 선교 단체는 오롯이 선교 목적만을 위해 활동하는 듯해 보이지만 정말인지 모르겠다. 교파에 속한 선교 조직은 구조적으로 복잡하여 무엇이든 느리지만 장기적 안목을 가질 수 있다. 나는 교파 안의 선교 구조를 지지한다. 교파 안의 선교가 앞의 개체교회나 독립선교단체의 선교보다 뒤탈이 덜하고 투명하며, 미래를 기대할 수 있기 때문이다.

다른 하나는 선교에 임하는 사람의 정체성이다. 시대를 풍미했던 해외 선교지교회 건축은 주춤하는 듯하다. 그런 이야기를 들을 때마다 나에게 묻는다, '정말, 그들이 필요해서 교회를 세우나?' 여기서 '그들은' 선교지 주민들이다. 선교에 헌신하고 관심을 두는 우리는 정치인이 아니다. 치적을 탐낸다면, 신앙인이 아니다.

내가 아는 한 한국교회는 70여 년 전 미국감리교회의 원조로 세워졌다. 미국감리교인들은 한국 땅에 교회를 세우려면 돈이 필요하다는 말에 십시일반으로 돈을 모았다. 그들이 속했던 교회에 자료가 남아 있다면 헌금한 그들의 이름을 찾을 수 있다. 그러나 한국에 세워진 교회 어디에도 그들의 이름은 없다.

좋은 사례도 있고 나쁜 사례도 있지만 우리는 어떤가? 건물을 세우자마자 명패를 새기고 사진으로 남긴다. 한 10년쯤 지나 그 건물이 있는지 확인해 보았으면 좋겠다. 선교지 주민들이 원해서, 그들에게 교회 건물이 정말로 필요해 세워졌는지 다시 묻는다. 그렇지 않다면, 그것은 그냥 단순한 치적이고 관련된 모든 이들은 그런 치적을 내세우는 정치인이다. 내 의도를 곡해하지 않기를 바란다.

코로나19 팬데믹이 우리에게 준 큰 교훈 중 하나는 '다시 생각하기'(rethinking)다. 우리가 하는 모든 일을 되짚어 보아야 한다. 우리의 의도조차도 예외는 아니다. 선교도 당연히 그래야 하고, 신학이나 교회도 마찬가지다. 다시 생각하기는 '우리의 신앙은 대체 무엇인가?' 하는 물음에서 출발해야만 한다.

미드(American drama) 〈죄인 시즌 1〉(The Sinner, 넷플릭스, 2017)은 살인 사건의 심리적 동기를 조사하는 범죄수사물이다. 드라마를 본 후, 제목을 이해할 수 있었다. 해변에서 살인을 저지른 후, 기억 상실 상태에서 사건의 숨은 동기를 찾아가는 전개다. 형사인 해리(빌 풀만)가 코라(제시카 비엘)에게 한 말이 기억에 남는다. 자신을 탓하는 코라의 모습이 낯설지 않다며 해리는 자신도 그렇게 산다고 말한다. 그들이 겪는 죄책감은 강요된 환경에서 성장한 배경이 뒤틀린 해결책(범죄)의 원인, 즉 범죄 동기가 되었다는 내용이다.

그렇다면, 누가 죄인인가? 강요받은 이들인가, 강요한 이들인가, 혹은 이들이 태어나고 성장한 가족과 교회, 사회의 구조들인가? 신학교 시절 우리가 배운 신학으로, 혹은 얄팍한 교조적 교리로 드라마가 주장하는 죄인의 메커니즘을 이해할 수 있을까? 아니면, 근본주의가 나올 수 있는 교회와 사회의 정황으로 이해할 수 있겠는가? 근본주의조차도 구박받고 외면당하는 오늘날 현실에서 우리는 신학의 위기, 교회의 위기를 당연하다고 여긴다.

 그런 공감대가 생겼다면, 선교를 향한 지역사회 이해를 시작할 수 있다. 다섯 차례로 나눠 선교를 해외가 아닌 국내, 더 좁게 지역사회로 국한한다. 우리의 고민인 지역사회 개념에 관해 다음과 같이 정의한다. 지역사회는 '특정 지역에서 살아온 사람들에게 일체감을 부여하는 역사와 문화, 공동체 의식 등으로 만들어지는 일상생활의 공동체다.'

 그렇게 정의하면, 우리의 생각은 복잡하다. 지역사회가 무엇인지 모르겠다고 여기는 게 당연하다. 여러분이 문제가 아니다. 산업화와 도시화로 인해 지역사회가 해체되었다는 데 원인이 있다. 우리는 행정 분할로 나눠진 지역을 지역사회라고 이해할 뿐이다. 그러나 거기에는 지역사회의 구성 요소들이 없기에 우리는 별다른 소속감을 느끼지 못한다.

 따라서 후기산업사회를 살아가는 우리에게 지역사회는 지리와 행정적 분할이 아닌, '유사한 선호 혹은 취향을 중심으로 모인 사람들이 공동체를 이루어 공동체성, 역사와 문화를 더해가는 집단'이라고 다시 정의할 수 있다. 앞의 정의와 뚜렷한 차이점은 지역으로 정하지 않는다는 것이다. 앞의 정의가 고정된 개념이라면 뒤의 정의는 유동적이라는 점도 다르다. 그렇게 정의하면 문제점이 생기게 마련인 데, 그것들을 여기서는 다루지 않는다.

 그런 정의에서 교회는 지역사회를 이루는 구성 요소들로 모인 집단이다. 사람들이 종교성(선호 혹은 취향)에 따라 시간의 연속성(주일마다)을 가지고 특정 공간(교회)에 모여 그들만의 독특한 역사와 문화를 생산해 가는 집단, 우리는 그것을 '교회'(더 구체적으로는 지역 교회)라 부른다. 그런 집단에 소속하는 사람(교인)들의 일부는 거리라는 제한성을 어느 정도 벗어난다.

교회(지역 교회)는 지역사회를 대표하는 기념물(monument)이라고 불러도 되겠는가?

모든 교회가 그렇지는 않다. 그러한 정의를 통해 우리가 얻을 수 있는 내용은 교회가 개교회(그리고 교인)만의 소유가 아니라는 점이다. 교파의 전유물도 아니다. 교회에 속한 교인만을 대상으로 활동해서도 안 된다. 그렇다면, 교회는 누구의 소유이며 누구를 위해 어떤 활동을 해야 하는가? 흔히 그런 질문에 대한 대답으로 교회의 공공성이라 할 수 있다. 교회에서는 그것을 선교라 부를 수 있다. 물론 그것을 부정하지는 않는다.

코로나19 팬데믹으로 '다시 생각하기'에 봉착해 있는 우리가 교회를 지역사회 안에 있는 조직으로 규정하면서 선교를 이야기할 때, 우리는 이미 알고 있는, 혹은 익숙한 신학(선교학)으로 선교가 가능한 것인지 물어야만 한다. 기술만을 가르치는 선교로 우리(교회)가 당면한 위기에 대안을 제시할 수 있을까?

따라서 책에서는 선교를 향한 기능적, 혹은 기술적 관점보다 앞서는 무엇을 제시한다. 지역사회를 기념하는 공간이 교회라면, 교회는 지역사회에 필요한 무언가를 제공하는 조직이 된다. 어떤 것이냐에 따라 지역 주민에게 가시적인 대상이 될 수 있고, 비가시적인 대상이 될 수 있다. 나는 후자에 더 많은 관심을 품으며 이 글을 전개한다.

20. 지역선교를 왜 해야 하는가?

최근 목회자들을 만나다 보면, 그들은 자주 '종교 이후'라는 단어를 사용한다. 교회의 성장이 멈추고 정체하면서 더 나아가 쇠퇴하는 현실에서 종교 이후 시대란, '교회 없는 시대'를 말하는 듯하다. 이런 말을 들을 때마다, 내 마음속으로 '정말 인간에게 종교가 없었던 시대는 있었나?'라고 물으며 어떤 연유로 그런 말을 하는지 궁금하다.

인간에게 종교 없는 시대는 없었고 앞으로도 없다. 그런 주장은 인간에게 종교가 어떤 이유로 생겨났는가 하는 물음에 근거한다. 인간이 겪는 한계 상황에서 불확실한 삶의 불안과 긴장(우연성), 무력감과 좌절(불가능성), 그리고 박탈감(희소성)을 극복하고자, 인간은 종교를 찾는다. 종교 이후란 인간의 종교성이 달라지고 있다는 현실을 반영할 뿐이다.

종교성은 시대, 상황, 혹은 세대에 따라 달라진다. 어제(기존)와 다른 종교성을 가진 사람들에게 믿음 체계, 의례, 그리고 공동체의 모습은 달라진다. 기존의 종교성을 가진 사람의 눈에 달라진 종교성은 변화 혹은 쇠퇴로 보이므로 부정적으로 여겨진다. 그것은 교회의 정체나 쇠퇴로 이어지기에 좋게 보이지 않는다.

교회의 역사는 변하는 사회에 적응하려는 시도의 귀결이다. 개혁(reformation)이라는 단어는 이미 있던 것(form)을 다시(re) 만든다는 뜻이다. 종교가 시대를 앞선다는 주장은 특정 상황에서만 가능하다. 예를 들면, 기독교가 한국에 처음 들어왔던 시기에선 가능했다. 그 후로 기독교는 늘 사회를 뒤따른다. 사회의 변화를 좇아가면서 종교는 달라진다. 그런 점에서 종교는 보수적 성향이 강하다.

종교에서 진보를 논할 때, 정말 진보인지를 따져보아야 한다. 예외는 있었을 수 있으나 20세기 이후 대부분의 종교(신학)에서 진보는 이미 사회 안에 있던 진보성을 착용한다. 논쟁거리가 된 진보성을 종교가 뒤늦게 빌려왔다. 그만큼 종교는 사회의 다른 집단들보다 변화에 더디다는 점에서 보수적이다.

반면, 진보로 보이는 종교를 가진 이들이 신앙으로 사회의 부조리를 용납하지 못할 때, 그들의 신앙적 용기가 기존 사회 질서에 저항하는 모습은 진보로 보인다. 그렇다고 그들이 진보주의자인지 아닌지는 따져보아야 한다. 남들이 하지 않은 일에 죽음도 마다하지 않고 행동할 때 그들을 진보주의자로 부른다. 하지만, 진보는 종교의 보수성을 인정하지 않는 점이 강하므로 그런 종교인을 진보주의자라 평가하기엔 다소 부적절하다. 오히려 그들은 행동하는 신앙인으로 불러야 더 타당하다.

정리하자면, 종교 이후보다는 '교회 이후'라 해야 정확한 표현이고, 사회의 변화를 뒤따르므로 종교의 보수적 성향은 당연하며, 종교성은 늘 달라지므로 결국 교회도 달라져야 한다.

교회 이후 변화하는 사회 안에 있는 교회가 달라져야 한다면, 시작은 내부에서부터인가, 아니면 달라진 외부 파악부터인가?
21세기에 접어들면서 '교회를 떠난 사람'과 '교회를 다니지 않은 사람'을 비교하면 어느 쪽이 더 많은가?

식당이나 카페에서 교인으로 보이는 사람들이 사용하는 말이나 행동 등에서 교인의 문화를 느낄 수 있다. 문화를 어떤 기준으로 옳다, 그르다고 판단할 수 있는가? 교회의 변화, 혁신, 심지어 개혁을 주장할 때, 어떤 기준에서 어떤 형태로 달라져야 하는가? 나도 그런 말을 하지만 그런 주장이 공허하게 느껴질 때가 있다. 교회 내부의 기준으로 달라져도, 밖에서 보면 그게 그거다. 외부에서는 교회의 달라진 점이 잘 드러나지 않을 때가 많다.

그런 현실에서 우리는 '다시 생각하기'를 해야 한다. 하나님의 구속적 통치를 선포하려고, 또는 우리가 믿는 복음으로 세상에 희망을 주기 위해 지역선교를 해야 하는가? 지역사회의 필요를 채우려 하는가? 아니면 교회 성장을 위해서? 대체 무엇을 위해서인가?

앞의 글 '19.선교를 향한 지역사회 이해'에서 우리는 전통사회와 산업사회에 있었던 지역사회를 잃어버리고 있다고 했다. 우리에게 지리와 행정적 단위로서의 지역사회는 여전히 존재하나 역사와 문화적 측면에서의 지역 공동체성이 사라지고 있다.

후기산업사회를 살아가는 우리에게 지역사회는 유사한 선호(취향)로 모여진 사람들이 공동체성, 역사와 문화를 더해가는 집단이 되어간다. 그것은 가상공간이나 실재 공간에서 다 가능하다. 집단의 정체성은 직접 만나는 공간이 가상공간보다 훨씬 강하다.

대다수 교회는 여전히 전통 산업사회 형태의 지역사회에 속해 있다. 그런 교회의 교인 대부분은 지역 주민이다. 지역 주민이 아닌 교인은 일반적으로 주일에만 교회에 출석한다. 도심지 교회의 지역 주민 비율은 상당히 낮다. 교회 규모에 따라 지역 주민이 없는 교회도 존재한다. 지역사회와 관계가 멀어지는 교회들이 차츰 늘어난다.

교회마다 처한 상황이 다르겠으나 후기산업사회에서 교회와 지역사회의 관계는 다른 형태로 변해가고 있다. 다만, 교회의 역사와 규모, 교인의 연령층, 참여도, 재정 등 여러 면을 고려해야 한다. 교인의 지역 주민 비율이 과반수가 되지 않는 교회일수록 지역선교는 힘들어 보인다. 그런 교회일수록 지역사회에 정착하기 힘들다. 그런 교회 처지에서 지역사회는 무엇이고 지역선교를 어떻게 전개할지 '다시 생각하기'를 당연히 해야만 한다. 이유가 생존이든 복음이든 뭐든, 지역 주민의 비율을 높이는 방안을 마련해야 한다.

지역사회를 다르게 말하면 공동체, 혹은 집단이다. 교회는 종교성에 따라 모인 사람들의 공동체다. 그렇게 모인 사람이 교인이다. 교인이 거주하는 지역에는 종교성이 아닌 다른 선호에 따라 모이는 사람들

(집단)도 있다. 지역사회에는 다른 종교 집단과 더불어 스포츠 활동 모임 등 다양한 집단들이 있다. 교회는 그런 집단들과 경쟁한다.

그런 다양한 집단들과 함께, 교회는 지역에 거주하는 주민들의 심리적 영적 안녕을 책임지고 있다. 다른 집단이 제공할 수 없는 영역이다. 교회가 지역사회에 있는 근거다. 그것을 위해 교회는 지역사회의 변화에 주목해야 한다. 지역 주민이 달라지고 있다면, 새로 유입된 사람들로 지역사회 경제(정치)구조는 달라진다. 구조가 사람을 바꾼다. 지역마다 다르다.

농어촌 지역의 인구 감소가 지역의 소멸로 이어지듯, 도시의 인구 변동은 지역사회를 바꾼다. 교회가 예배 이후의 불안을 달래고자 문단속만 한다면, 텅 빈 건물의 교회 명패만 내릴 뿐이다. 교회 내부의 변화를 추구해야 하나 지금은 지역사회의 변화를 관찰할 때다. 당장 무언가를 하려고 서두르기보다 무엇이 달라지는지를 먼저 알아야 한다.

급할수록 돌아가라는 속담처럼, 지금은 심호흡을 길게 할 때다. 지역사회의 변화는 무엇인지, 구성원이 과거와 같은 지역 주민인지 아닌지 등을 파악해야 한다. 그런 사람들에게 교회의 기능, 지역선교를 왜 해야 하는지를 다시 생각하며 기도할 때. 지금은 '왜'인지를 물어야 할 때이다. '어떻게'라는 선교의 방법은 다음 문제다.

21. 선교의 장(場)인 지역사회

앞의 글에서 제안한 '교회를 떠난 사람'과 '교회를 다니지 않은 사람'에 관해 이야기를 해보자. 전자를 흔히 '가나안'이라 부른다. 난 그 단어를 싫어한다. 부정적이다. 성경에서 그것은 히브리 백성이 약속의 땅에 들어가기 전까지 '배회'했다는 뜻에서 그들이 여러 교회를 떠돈다는 의미로 사용한다. 그게 좋은 뜻인가?

'교회를 떠난 사람'과 '교회를 다니지 않은 사람'은 세대에 관한 이야기다. 나는 두 가지 기준을 제시한다. 하나는 대학 입시로, 다른 하나는 태어난 시기로 나눈 기준이다. 대학 입시로 본고사, 학력고사, 수능시험으로 나누고, 수능은 2000년 이전과 이후로 나눈다. 그러면 본고사 세대, 학력 세대와 수능 세대(수능 1기), 2000년 이후(수능 2기)는 모자이크 세대고 흔한 말로는 MZ세대이다.

학력 세대와 수능 세대 구분은 1970년생 이전과 이후로 나뉘고, 그들의 대학 입학은 대충 80년대 학번과 90년대 학번이 된다. 전자는 집단에서 개인을 중요시한다면, 후자는 개인이 속한 집단에서 활동을 의미 있게 여긴다. 본고사 세대는 집단을 개인보다 우선시한다. 모자이크 세대의 개인화는 수능 세대의 성향보다 더 심화한다.

학력 세대 사람이 교인이라면 정체성을 자기가 속한 교회의 '교인'으로 표명한다. 수능 세대 사람은 교회보다는 교회의 '활동'으로 정체성을 드러낸다. 본고사 세대는 '교회'를 중요하게 생각한다.

학력 세대는 교회에서 불편함이 생겨도 교회를 옮길(혹은 떠날) 가능성이 작다. 수능 세대는 전자보다 교회를 옮겨갈 가능성이 높다는 점에서 다르다. 본고사 세대는 교회에 문제가 생겨도 잘 떠나지 않는다. 떠나는 근거로 학력 세대는 교회가 어떠해야 하는가 하는 생각이 기준이다. 수능 세대의 기준은 나에게 교회가 의미는 있는지를 따진다.

나는 수능 세대의 생활양식을 '나만의주의'(mineism)라 부른다. 간단히 말하면, "나만 좋으면 됐지, 남들이 뭐라 하든 신경 쓸 거 없어." 나만의 편함을 상식, 도덕, 양심 등보다 우선한다는 뜻이다. '내 것'에 부족함이나 결함, 잘못 또는 기능장애도 용납할 수 있다.

우리는 그런 생활양식을 개인주의 혹은 이기주의라 여겼다. 고상한 표현으로 '사사(私事)주의'(privatism)라 부른다. 어느 표현이든 '내' 중심으로 세상이 돌아간다는 의미이다. 내가 중요하게 여기는 것은 그게 무엇이든 간에 타인도 그래야 한다. 내가 싫어하는 것은 또한 타인도 그래야 한다. 교회에서도 그런 성향의 교인을 볼 수 있다.

나는 그런 성향을 인간의 본성이라 여긴다. 누구나 다 가지고 있다. 집단주의를 선호하는 사람들에게도 그것은 있다. 그것으로 동질성을 강화하여 집단이 된다. 과거에는 큰 집단 하나에만 속했지만, 현재에는 작은 집단 여러 개에 속하면서 집단이 많아졌다는 차이가 있다. 나만의주의가 보편적인 현상이 되면서 집단은 많아진다.

나만의주의에서 하나의 집단이 싫으면 다른 집단에 속하면 된다는 생각이 강하다. 다르게 말하면, 과거의 종교성은 비슷비슷하였다면,

이제는 달라진 것처럼 보인다. 그러기에 교회마다 종교성이 다르다고 말할 수 있다. 과거에는 교회를 옮겨도 적응하기 쉬웠으나, 이제는 힘들어진다. 따라서 교회를 옮기기보다는 떠나는 게 편하다.

나만의주의가 일상화하는 시기를 2000년 이후로 본다. 2000년 이후 수능을 치른 이들을 '모자이크'(mosaic) 세대라 부르는 근거다. 모자이크 유리를 생각해 보라. 얼마나 다양한 색채가 있는가? 그만큼 다양하다는 뜻이다. 너무 다양해서 어느 범주로 특정하여 분류하기 힘들다는 뜻이다. 범주가 다양해지면서 기준은 모호해진다.

나만의주의는 수능이나 모자이크 세대뿐만 아니라 이전 세대들에게로 확산한다. 집단주의에서는 동질성이 강해 나만의주의가 잘 드러나지 않았다면, 다양성이 확산하면서 나만의주의는 점차 일상화가 되어간다. 교회는 그런 문화 흐름에 잘 대처하고 있는가? 교회에서 그런 현상을 어떻게 찾을 수 있을까?

나만의주의가 보편화, 일상화되는 현실에서 기존 질서나 전통은 정당성을 가질 수 있을까? 지금까지 교회에서 당연하게 여겨져 왔던 정당성은 유효할까? 목회자의 권위는 유지될 수 있을까? 교회 안에서 통용하던 신뢰는 어떨까?

그런 질문들은 기존에 있었던 교회의 정당성이 약해지고 있는 현실을 반영한다. 그런 상황을 전제로 '선교의 장인 지역사회' 이야기를 시작하자. 솔직히 그런 물음들에서 나는 '먹먹하다.' 아직은 뚜렷한 대안이 없어 그렇다. 그것을 알고자 하나님께 기도한다.

「2023년 감리교인 설문조사」에서는 교회와 지역사회에 관한 문항이 있었다. 교인과 지역 주민 생활양식의 유사성, 지역사회 내에서 교회의 인지도, 그리고 지역사회를 향한 교회의 활동 등이다. "지역사회에서 교회의 인지도가 높을수록 교인과 지역 주민 사이에 생활양식의 유사성이 높다"라고 말한다. 생활양식의 유사성이 높아질수록 지역 주민을 향한 교회의 활동은 호응도가 높아질 수 있고, 전도 프로그램은 통할 수 있다.

지역사회와 소통할 수 없는 교회는 '섬'(island)이다. 교인의 지역 주민 비율이 낮을수록 교회는 지역사회와 소통하는 길이 좁아진다. 지난 장에서 말한 것처럼, 문제는 도시화가 오래전부터 진행된 한국 사회에서 지역사회가 점차 사라지고 있다는 점이다. 전통사회에서 마을을 구성하는 기준이 있었으나 그런 기준은 더는 통용되지 않는다.

거리나 행정 구분도 기준이 될 수 없다. 도로 양쪽에 있는 아파트들도 이해(利害)관계로 인해 서로 갈라지곤 한다. 세대 간에도 그렇다. 무엇으로 지역사회의 기준을 삼을지 난감한 게 현실이다. 그런 현실 속에서 지역사회에 있는 교회의 정체성은 무엇인가? 6장 '19.선교를 향한 지역사회 이해'에서 말한 정의처럼, 교회는 특정 지역에 있는 사람들이 종교성에 따라 시간의 연속성을 가지고 특정 공간에 모여 그들만의 독특한 역사와 문화를 생산해 가는 집단이다.

교회는 지역사회에 존재하는 다양한 집단 중에서 종교성을 가진 집단이다. 지역 교회는 신앙을 삶의 기준으로 삼는 사람의 일부가 모인 집단이다. 같은 교파의 교회는 다른 교파의 교회에 비하여 유사성이 좀 더 있을 뿐이며 다른 교회다.

그렇다면, 지역사회를 어떻게 파악할 수 있을까? 우선, 교회에서 교인 다수가 사는 거주지다. 좁게는 도보로 30분, 넓게는 자동차로 30분 정도의 반경이다. 대략 5킬로미터 이내가 될 듯하다. 교회마다 다를 수 있다. 둘째, 교인의 생활권이다. 주로 직업 측면에서의 활동 반경이다. 교인의 거주지가 생활권이 될 수도 있고 아닐 수도 있다. 직장인일 경우 생활권은 훨씬 넓을 수 있다. 자영업자일 경우에는 거주지와 비슷할 수 있다.

셋째, 교회의 역사이다. 구체적으로 조사하지 않았으나 몇몇 교회의 관찰 경험에서 알 수 있는 내용으로, 50~70년가량 역사를 가진 교회에는 생활에 필요한 직업을 가진 교인이 많다. 그들은 교회 부근에(대략 반경 5킬로미터) 사업장이 있을 가능성이 크다. 끝으로, 교회 사역을 들 수 있다. 사역의 대상이 교회에서 가까운지 아닌지를 파악할 수 있다. 그 외 교회의 특수성을 고려하여 다른 항목을 더하고 뺄 수 있다.

그런 항목들이 교차하여 중복되는 지역을 '교회의 지역사회'라 할 수 있다. 교회마다 지역사회는 다르며, 대체로 교회의 규모에 비례한다고 볼 수 있다. 따라서 교회의 지역사회를 거리로 어디까지라고 확정할 수 없다. 다만, 쉽게 다음과 같이 정의하자면, 교회의 지역사회는 교인이 교회에 오가는 시간이 도보나 자동차로 30분 이내이며, 교인 대다수가 활동하는 생활권이다. 그런 정의는 여러분 교회에 해당하는가?

7장 지역선교 발판인 교회

22. 우리 교회에 맞는 지역선교

영어 속담에 'Birds of a feather flock together'가 있다. '깃털이 같은 새는 함께 날아다닌다'로 번역된다. 쉽게 말하면, 끼리끼리 모인다는 뜻이다. '교인도 그렇다'라고 말하려는 의도다. 교회마다 교인은 비슷하다. 모든 교회에 적용할 수는 없으나, 다른 생활양식을 가진 사람들끼리 함께 교인으로 지내기 힘들다.

서울 강남을 개발하면서 새로 지은 아파트에 입주한 이주민들은 낯선 환경과 사람들 사이에서 어떻게 지역사회를 만들어 갔을까? 그들은 지역사회-주택이 아닌 아파트라는 주거 환경-에서 만나는 낯선 사람들 사이에서 생기는 긴장을 줄이고 상호작용을 형성하는 신뢰라는 사회적 관계를 무엇으로 만들었을까? 교회는 이주자들을 통합하는 기능으로 작용하면서 지역사회에서 신뢰를 낳는 하나의 사회적 관계망이 되었다. (이성우, 「한국대형교회 문화 흐름에 대한 반공주의 영향 연구」, 39~40. 논문은 국회도서관 홈페이지에서 내려받을 수 있다.)

여러분은 위의 내용에 얼마나 수긍하는가? 그것은 교회 성장에 있어 외적 요인(지역사회)을 말한다. 새롭게 조성된 아파트 단지는 입주자들에게 낯선 환경이다. 그들이 사회적 관계를 맺는 과정에서 교회가 기능을 한다. 강남뿐만 아닌 다른 재개발 지역에도 해당하는 이야기다. 다음으로는 외적 요인을 묶어내는 교회의 활동과 사역이 중요하다.

책에서는 지역사회 안에서의 교회를 이야기한다. 그런 토대에서 개체교회마다 그것에 걸맞는 선교 방식을 찾아야 한다(구체적인 사례를 제시하지 못한다). 목사는 교회에 관련된 프로그램을 찾을 때, 그것의 효율성(성공 여부)이 주된 관심이다. 다음으로 우리 교회에 적용할 수 있는지를 묻는다. 그런 관점에선 지역사회는 없다.

예를 들어보자. 광림교회의 교인과 금란교회의 교인 사이에 같은 점과 다른 점이 무엇인지를 묻는다면, 나는 교회가 있는 지역을 먼저 생각한다. 다음으로 교인의 사회 경제적 지위를 생각하고 몇 가지를 더 고려하고 마지막으로는 주요 프로그램을 염두에 둔다. 그런 다음, 거꾸로 하나씩 따져본다.

반대의 순서로 생각하는 관점은 프로그램이 교인들에게 어떤 영향력을 발휘했는지(은혜로웠는지)를 알아본다. 프로그램은 특정 교인들에게만 영향을 끼치고, 다른 교인들에게는 그렇지 않을 수 있다. 수용

측면에서 두 부류 교인에게 어떤 차이가 있는지를 파악한다.

찬송가를 좋아하는 교인이 있고 CCM을 좋아하는 교인이 있다고 예를 들어보자. 앞의 교인에게 CCM을 함께 부르자고 하면, 인도자의 체면이 상하지 않을 정도로 응한다. 반면 뒤의 교인에게 찬송가를 부르자고 했을 때 전자처럼 반응할까? 여러분의 경험을 반추해 보라. 찬송가를 좋아하는 교인은 누구이고 CCM을 좋아하는 교인은 누구일까? 전자는 본고사와 학력 세대, 후자는 수능과 모자이크 세대일 가능성이 높다.

내 경험이다. 농촌 지역이지만 농업 종사자가 적은 교회에는 본고사 세대보다는 학력, 수능, 모자이크 세대가 조금 더 많다. 예배 전 준비 찬송으로 복음성가와 CCM을 자주 부른다. 인도자는 열정 가득히 부르나 따라 부르는 교인들은 소극적이다. 세대 차이에 따라 좋아하는 노래가 다르다는 점을 상기한다.

우리 교회에 맞는 실정을 어떻게 파악할 수 있는가? 제6장 '지역사회를 향한 선교'에서 교회와 교회가 속해 있는 지역사회에 관한 정의를 다시 보자. 교회란 특정 지역에 거주하는 사람들이 특정 공간에 모여 종교성에 따라 그들만의 독특한 역사와 문화를 생산해 가는 집단이다. 교회의 지역사회는 그런 교인들이 교회에 오가는 시간이 도보와 자동차로 30분 이내이며 교인 다수가 같은 생활권으로 활동하는 지역이다.

그런 정의로 알 수 있는 내용은 교인의 생활권 내에서 개교회만의 모습(정체성)을 찾을 수 있다. 그것이 여러분이 목회하고 출석하는 교회다. 교회를 자세히 알고자 한다면, 우선 교회의 교인을 보자. 교인의 평균 연령층, 학력, 직업 등 사회·경제적 위치를 보라. 다양하지만 어림잡아서 '우리 교인의 그것들은 대충 이렇다'라고 분류해 보라.

다음으로, 교인의 동선을 파악해 보라. 그들이 자주 가는 곳은 어디인지에 관한 정보다. 주의할 점은 교회의 지역사회 거리를 벗어나는 곳은 포함하지 말라. 일부 교인이 자주 가는 곳인데 1시간이 넘는다고 하자. 그것은 제외하라. 지역 안에 있는 카페는 어딘지, 가게는 어디인지 등을 찾아 직접 방문해 보아라. 왜 자주 가는지 관심을 두어라.

대충 20년 정도 교회의 활동, 프로그램 등에서 교인들에게 호응이 좋았던, 혹은 그렇지 못했던 것은 무엇인지를 파악해 보라. 그것들은 교인의 관심사라 할 수 있다. 조금 더 심화하면, 교인이 좋았다는 설교나 교인이 좋아하는 찬송가, 복음성가, CCM 등을 파악하는 것도 좋다. 좀 어려운 면이 있지만, 그것들은 교인에 따라 다르고 세대에 따라 다르다는 점을 기억하자. 그 외 교회마다 다른 기준을 세워 파악해도 좋다.

그런 데이터가 생기면, 우리 교인을 분류할 수 있는 유형을 셋 정도로 구분해 보라. 유형 분류에 따라 교인을 나눠보라. 유형1에 속하는 교인은 누구고, 유형2에는 누구며, 유형3에는 누구더라 정도. 너무 세밀하게는 하지 마라. 두통이 생긴다.

유형1에 상응하는 지역 주민은 어떤 사람들일지 생각해 보라. 구체적인 인물이 떠오를 수도 있고 막연히 누구일 듯하다는 생각도 든다. 나머지 유형도 그렇게 하다 보면, 지역 주민에 관해 분류할 수 있는 틀이 어느 정도 생기게 된다. 대충해라.

그렇게 생긴 유형1의 지역 주민을 찾아 만나 대화를 나눠보라. 주의할 점은 대화의 주제는 내(목사) 관심이 아니라 그들의 관심이어야 한다. 그렇지 않으면 쉽게 꼰대가 된다. 그런 대화를 자주 나누면서 그들이 누구인지를 알아보라.

그런 대화에서 그들의 종교성은 무엇인지 세심히 관찰해 보라. 그렇게 알게 된 종교성과 연결고리가 있다면 그것은 무엇인지 찾아보라. 그것을 그들에게 소개한다면, 규격화된 전도지보다 좋지 않을까? 나는 그런 과정에서 얻어진 내용을 우리 교회에 맞는 지역선교라 제안한다.

우리 교회에 맞는 지역선교를 찾기란 힘들고 어렵다. 찾을지라도 생산성이 있는지도 알 수 없다. 솔직히 말하면, 없을 확률이 높다. 애쓴 보람은 더더욱 없다. 쉬운 선택(모방)이 편하고 교인의 반응도 좋을 수 있다. 그래서 남들이 이미 검증한 프로그램을 향한 유혹은 사라지지 않는다. 갈림길에서 선택하며 사는 게 우리 처지다.

23. 지역선교를 향한 교회의 정체성: 영적 보루인 교회

반경 1킬로미터 안에 점집은 30개가 넘고, 성당 하나, 어림잡아 교인 5백 명 이상인 교회는 셋, 그리고 신라 시대에 지은 사찰 하나가 있는 지역을 알고 있다. 신기하지 않은가? 대체 그곳에 뭐가 있길래 종교가 융성할까? 민간 신앙, 불교, 천주교, 개신교 등이 다 있다.

그곳에는 재래시장이 있고 가내 공장처럼 보이는 작업장도 여러 개가 있다. 초등학교 넷, 중학교 둘, 고등학교 둘, 대학 하나가 있다. 주택가에서 연립다세대 주택으로, 아파트 단지로 바뀌었고 지금도 바뀌고 있다. 많은 사람이 살고 있으며 유동 인구도 참 많다.

우리는 교회가 개척되었다고 하지만, 지역사회 안에서 교회의 시작을 네 가지 유형으로 분류할 수 있다. 나만의 생각이다. 처음은 선교사로 인해 세워진 교회로 무에서 유를 낳은 '전파'에 해당한다. 전파된 교회가 주변 지역으로 퍼져가는 '확산'도 있다. 교회 내부에서 문제가 생겨 쪼개지면서 생겨난 '분열'도 있다. 끝으로 교인이 기존에 소속한 교회에서 다른 교회로 옮기면서 생긴 '이동'도 있다.

네 가지 유형이 생겨난 시기로 전파는 기독교가 한국에 들어온 이후이고, 확산은 전파부터 1960년 전까지, 분열은 확산부터 1990년 전까지, 이동은 분열 이후부터 지금까지로 나눌 수 있다. 지역사회 안에는 네 가지 유형의 교회가 함께 있다.

「2023년 감리교인 설문조사」에서는 교회와 지역사회의 상관성을 묻는 문항들이 있다. 교인의 성향이 지역 주민의 생활양식과 비슷할수록 교회는 지역사회와 연결될 가능성이 높고, 그럴수록 교회의 활동은 지역 주민에게 호응이 클 수 있다. 그러니 지역사회에 '잘' 알려진 교회가 될 가능성이 크다. 그런 교회일수록 자가 건물은 당연하고 규모도 있고 긴 역사와 지역사회와 관련된 여러 활동이 있을 수 있다.

반면, 오랜 역사에도 규모가 차츰 줄어드는 교회도 있고, 짧은 역사에도 교인이 늘어나는 교회도 있다. 예나 지금이나 다르지 않은 고만고만한 교회도 있다. 이제 갓 시작한 교회도 있다. 여러분이 속한 교회는 그런 예들의 하나다.

지역에서 교회의 정체성을 따지려면 교회의 '역사, 규모(건물과 교인수), 활동' 셋이 있어야 한다. 그것을 위해 몇 가지 전제를 두자. 먼저, 한 지역에서 오랜 역사를 가진 교회일수록 지역사회에서 인지도가 높을 가능성이 크다. 둘째, 규모가 클수록 교회 인지도는 비례한다. 마지막으로 교회 활동이 많을수록 인지도는 높을 수 있다.

교회의 역사가 길다면, 교인 중에는 삼대 이상의 가족이 함께 있을 가능성이 크다. 지역을 떠나 먼 곳에서 다니는 교인도 있을 수 있다. 교인이었지만 떠난 이도 많을 수 있다. 여러 부류의 사람이 교인으로 함께 있을 수 있다. 현재는 교인 연령층이 다른 교회에 비해 상대적으로 높을 수 있다.

교회 건물이 클수록 교인 수는 많을 수 있다. 부자가 망해도 삼대는 간다는 속담처럼 교인이 줄어들었을지라도, 건물이 큰 교회는 여전히 교인은 많다. 규모가 크다는 것은 지역사회에 생활 기반을 둔 사람들이 교인으로 있을 가능성이 크고, 그들로 인해 교회의 인지도를 지역주민에게 항상 전할 기회가 많다.

교회의 활동은 다양하다. 크게는 사회봉사와 전도로 구분한다. 지역사회에 필요한 여러 요구를 공급하면서 교회의 인지도는 높아질 수 있고, 지역사회 안에서 교회에 대한 신뢰가 쌓인다. 신뢰는 오랜 시간을 두고 쌓이고, 쌓인 신뢰는 시간이 지날수록 서서히 줄어들지, 한 번에 사라지지 않는다.

지역사회에서 교회는 어떤 유형의 방식이더라도 신뢰를 쌓아야 한다. 위의 조건들을 다 갖춘 교회여야만 신뢰가 쌓일 수 있다는 생각은 하나님의 활동을 부정하는 일이다. 앞서 언급했던, 세 가지(역사·규모·활동) 조건을 다 갖춘 교회든, 모두를 갖추지 못한 교회든, 교회마다 쌓은 신뢰가 있고 유지하며 넓혀가는 과정에서 '지역사회 안에서의 교회 정체성'은 드러난다.

교회에 대한 신뢰는 내부적 신뢰가 먼저이고 외부적으로 쌓이는 신뢰가 다음이다. 반대의 상황은 절대 있을 수 없다. 교회의 신뢰도와 평판이 내부보다 외부에서 더 좋은 교회가 있다? 절대 그런 교회는 없다. 내부에서부터 신뢰를 먼저 쌓여야만 한다. 신뢰를 컵으로 비유한다면, 물이 넘쳐야 밖으로 흘러내린다.

교회마다 컵의 용량(신뢰)은 다르다. 세 가지 조건 충족 여부에 따라 교회마다 가지고 있는 컵의 용량은 다르고 담을 수 있는 신뢰의 정도도 다르다. '전파'와 '확산'으로 생긴 교회와 '분열'이나 '이동'으로 생긴 교회의 컵이 같을 수 없다. 같은 사역일지라도 신뢰를 같다고 말할 수 없다.

지역 주민이 받아들이는 신뢰도 다르다. 그러면 교회의 신뢰를 어떻게 세울 수 있고 유지할 수 있는가? 교회의 신뢰 지표는 무엇인가? 그런 물음은 여기에선 벗어난다. 여기서 제안은 지역사회 안에서의 교회 정체성이므로, 그것은 지역사회와 주민의 영적 생활을 돕고 지키는 '영적 보루'다.

3장 '9. 영적 보루인 교회'에서 나는 교인에게는 교회를 향한 '심리적 공간'이 있다고 했다. 교회를 떠난 이들에게도 그것이 있다고 했다. 교인은 그것이 활성화된 상태이고 떠난 이들에게는 비활성화가 된 상태라고 설명했다.

교인이든 아니든 사람들 마음에 있는 교회를 향한 심리적 공간을 영적 보루라 한다면, 그것은 교회를 넘어 지역사회를 향해서도 있어야 한다. 지역사회와 주민의 영적 생활을 돕고 지켜주는 영적 보루로 교회는 가능하다. 지역사회에 필요한 기대를 채우는 사회봉사도 그런 예이다. 지역 주민에게 복음을 전하는 일도 같은 예다.

여태 우리는 교회 중심으로 한 관점에서 지역사회를 보았다. 교회에 필요한 혹은 채우는 관점에서 지역사회라는 생각이다. 앞으로는 생각의 전환이 필요하다. 지역사회에 있는 교회란 그곳에 필요한 무엇을 채우는 교회이다. 그래야 교회는 지역사회를 돌보는 영적 조직이 된다.

이번, 맨 앞에 있는 지역 교회는 오르막 도로 옆에 세워져 있다. 사방 어디서나 잘 보이는 위치다. 어느 날 교회 건물에 세로로 큰 현수막이 걸렸다. 지나는 사람이나 차에서도 잘 보였다. 그것을 보는 사람들은 어땠을까?

나처럼 교회를 영적 보루로 여기는 사람들도 있을 터고, 전혀 다르게 생각하는 이들도 있다. 큰 현수막을 본 모든 사람은 똑같이 좋은 느낌, 혹은 나쁜 느낌이 들었다고 여길 수 없다. 나는 그들이 어떤 감정을 가졌는지 모른다. 다르게 말하면, 교회가 지역 주민 모두를 다 돌볼 수 없다. 교회마다 주어진 몫만을 돌볼 수 있다.

지역사회 안에 있는 교회마다 주어진 몫으로 영적 보루 역할을 할 때, 지역사회의 영적 분위기는 건강해진다. 그렇지 못할 때, 주민을 진영으로 나누려는 힘에 휘둘린다. 나눠진 상태에서 서로를 반목과 대립이 자주 일어날 때, 지역 교회의 역할을 상실했다고 말할 수 있지 않을까?

24. 살맛 나는 교회와 신명 나는 목회

교회학 공부는 내 평생의 과제다. 기회가 있을 때 여러분과 함께 더 깊은 얘기를 나누길 기대한다. 앞의 7장 '23.지역선교를 향한 교회의 정체성'에서 할 이야기는 이미 끝냈다. 책의 전체 내용에서 많이 벗어나나 한 번쯤 생각할 내용이라 마지막에 둔다. 내 이야기에서 시작한다.

내가 처음 목사가 되려 했던 때는 중학교 1학년, 학교의 부활절 행사 강사로 온 목사의 능수능란한 언변 모습을 보면서였다. 교회에 한 번도 가본 적 없는 나로서는 그가 대단한 존재로 보였고 그처럼 되고자 했던 게 이유였다. 다르게 말하면, 성공한 사람의 종교적 버전이었다.

고등학교 3학년 때 큰 수술로 죽다가 살아나니, 교회에 다니지 않는 부모에게서 신학교 입학을 승낙받았다. 건강으로 한 해를 쉬고 복학했으나 학교생활에서는 삐딱선을 탔다. 40대 초반이 되어서 삐딱하게 살았던 이유를 알게 되었다. 세 가지다.

첫째, 사고체계이다. 신학 친화적인 사고를 선험적이라 한다면 난 사실적 사고에 익숙하다. 학부 내내 나를 힘들게 했던 고민은, 전공 서적을 읽으면서 '왜 이렇게 생각해야 하는지'를 늘 이해하지 못하는 자신에게 질문했다. 당연히 전공에 흥미를 잃었고 다른 분야를 더 좋아했다. 그래서 사회학을 택하게 되었다. 감리교신학대학에 종교사회학이 없었다면 난 목사가 될 수 없었다.

둘째, 신학교육과 종교경험의 충돌이다. 신학교육에 불협화음을 내는 성령 체험을 강조하는 교회에서 신앙생활을 시작했다. 내게는 교육과 경험을 통합하는 성찰도 없었고 아우르도록 도와주는 이들도 없었다. 교회와 신학교에서 튕겨 나올 수밖에 없었다.

마지막으로, 성공의 욕망이다. 목사가 되려는 체험은 있었으나, 되려는 이유는 성공이었다. 혈연으로 묶인 조직에서 나는 이방인이었다. 혈연을 대신할 능력을 갖추려 했고 그런 욕망이 부질없음을 깨달았던 때가 40살이 넘어서다. 수용과 적응의 시간이 필요했고 목사로 살아갈 수 있겠다는 신앙을 품었다.

개인적인 이야기를 하는 이유는 뭔가? 많은 목회자에게는 목사가 되려 했던 종교적 이유 외에 다른 동기도 숨어 있다. 목회는 그것의 도구가 된다. 인간이니 당연하다. 그것에 머물러 있을 때, 목회는 수단이 된다. 내가 그랬다. 앞에서 그것을 '이면의 역동력'이라 했다.

좋아하는 선배 목사가 은퇴한 지 3년이 지났다. 그는 65세에 은퇴했다. 자신이 교회에 부담이 된다고 여기며 일찍 은퇴했다. 그는 한 교회에서만 목회했고 갈등 유발자였다. 은퇴 후, 그는 열심히 성실하게 살고 있다. 목회자가 아니었다면 유능한 사람이었을 텐데, 왜 목사가 되었을까?

그가 좋은(?) 목사로 목회할 수 없었던 이유는 기대치였다. '목회는 이래야 한다'라는 기준이 자기 안에 있는 바람(needs)을 철저히 부정하다 보니, 교인과 목사들에게서 그렇지 못한 모습을 보며 갈등이 생겨났다. 그것에 얽매여 스스로 자유롭지 못했다. 은퇴하고서 더는 기대치가 없으니 하는 일마다 신난다고 그는 말한다.

목회를 무엇이라 정의 내리기 힘들고 정의하는 이마다 다르다. 나는 '인간다움을 추구하는 집단(교회) 안에서 사람을 존중하는 일'을 목회라 정의한다. 교회에서 흔한 표현은 아니다. 나는 '존중'(尊重)의 대척점을 '대접'(待接)이라 주장한다.

우리 사회는 존중보다는 대접을 중요시한다. 대접은 사람보다는 사람이 가진 무언가를 더 중요하게 여긴다. 지위에 따라 사람에 대한 대접이 달라진다. 그것에서 벗어날 수 있는 조직이 교회여야 한다. 교회가 인종, 민족, 성별, 지위 등으로 나눠진 이유는 사람을 존중하기 때문이다. 다수가 아닌 소수 사람까지 존중하려니 교회는 다양해질 수밖에 없다.

요즈음 존중받지 않아도 대접받으면 된다는 마음가짐이 만연하다. 교회 안에서도 존중이 사라지고 있다. 교회는 사회에서 존중받지 못하고 목사는 교인들로부터 존중받지 못한다. 그러니 대접만 받길 바란다. 대접받을 만한 교회가 되어야 하니 겉모양은 화려해진다. 대접받고자 하니 목사는 자신이 주목받을 수 있을 일이면 반드시 하고, 드러나지 않는 일이면 무시한다. 그런 행세(行世)를 아는 이들은 마지못해 대접한다.

코로나19 팬데믹 이후 많은 사람은 교회와 목회에 새로운 정립이 필요하다고 말한다. 새로운 정립 과정에는, 반드시 저항이 있다. 변화는 저항에 맞서는 대항과 충돌하며 앞으로 나아간다. 진통을 겪는 게 당연하고 좌절을 느끼면서 달라진다. 정립하면서 아픔을 여러 차례 겪으면 결실을 거둔다. 대접받기보다 존중받는 교회가 되고 목사가 되는 일도 새로운 정립일 수 있다.

최근 모임에서 친구 목사와 이야기하면서 "통계 안에 하나님 있어!"라 말했다. 웃자고 한 말이다. 정확히 말하면, 통계로는 하나님이 있는지 없는지 알 수는 없다. 그것은 통계의 영역이 아니다. 그러나 하나님을 믿는 사람들이 누구인지 찾아낼 수 있고 분류할 수 있다. 내가 설문조사를 하는 이유이고 그런 일을 할 때마다 신난다.

설문조사는 하나님께서 나를 기쁘게 살게 하신 길이라 여긴다. 나만 할 수 있다고 자랑거리라 여긴다면, 하나님 앞에서 오만이다. 난 목사로서의 소양이 여러모로 부족한 사람이다. 그럼에도 목사로 살아갈 수 있다니 하나님의 은혜다. 따라서 대접이나 존중받으려 욕심내지 않고 내가 할 수 있는 일들을 열심히 한다.

그런 일들을 모아 놓은 나만의 세계를 '라이너스 룸'(linusroom)이라 부른다. 그곳에는 교회가 있고, 목회도 있고, 하나님을 믿는 사람에 관한 여러 이해가 있다. 교회 밖에 있는 여럿도 포함한다. 그런 일들을 만들며 스스로 살맛을 느끼고 신명내며 살아간다.

여러분과 나의 차이다. 이 책을 읽는 대다수 목회자는 목회로 자기만의 세계를 만들고 있다. 그곳에는 자신이 있고, 교인이 있고, 하나님도 계신다. 그것 모두를 교회라는 공간에서 목회자의 삶으로 표현한다. 교회 규모로 목회 연수로 그것을 평가할 수도 있으나, 그것이 전부는 아니다. 목회자는 하나님께서 맡긴 역할을 다하는 일꾼이다.

목회에 태클 거는 일로 힘겨워하면서도 목회자로 살아가는 이유가 있다. 대접받고자 애쓰는 일을 마다하지 않지만 그래도 존중받기 위한 목회자의 정체성을 세움에 흐트러지지 않는다. 그런 이유로 오늘을 사는 목회자는 살맛 나는 교회에서 신명나게 목회하며 하루하루 살아간다. 그게 목회자의 삶이다.

제 II 부

교회학 연구

1장 교 회 학 이 란 ?

교회학의 정의

교회는 기독교 신앙을 믿고 따르는 사람들의 모임이다. 그들을 '교인'이라 부른다. 교인들의 모임인 교회는 기독교 신앙의 가치와 세계관을 가지고 사회 안에 있다. 교회는 사회에 있는 여러 조직 중 하나다. 교회를 종교조직체라 부른다. 〈감리회 신앙고백〉을 보면 알 수 있는 교회에 대한 정의는 이렇다. "우리는 예배와 친교, 교육과 봉사, 전도와 선교를 위해 하나가 된 그리스도의 사람들이 모인 교회를 믿습니다." 교회의 본질과 기능을 말해 준다.[1]

---

1 더 자세한 내용은 『감리교는 무엇을 믿는가?: 감리회 신앙고백 해설』(이찬석 지음, 도서출판 kmc, 2014)을 참고하라.

교회(congregation)란 특정한 이름을 가진 조직이자, 좀 더 보편적인 방식으로 드리는 예배를 위해 정기적으로 모이는 사람들이 있는 집단이다. 교인들은 본질적인 태도와 견해, 이야기의 패턴들을 발전시키기 위해 서로 간의 충분한 의사소통을 한다.

이는 교회에 대한 홉웰의 정의다.[2] 이에 대해 교인들은 당혹스러움과 의구심을 느낀다. 그 이유는 〈감리회 신앙고백〉과 같은 신학적 용어가 더 익숙하기 때문이다. 하지만 그런 정의는 교회에 대한 이해를 좀 더 확장하는 데 도움을 주며, 그런 학문을 '교회학'이라 부른다. 교회학은 교회의 기능과 본질만이 아니라 교회에 속한 교인에 대한 이해를 내포하며, 교회 안에서 교인들끼리 어떻게 소통하는지, 그리고 지역공동체와 관계를 맺는 구조 등을 파악한다. 따라서 교회학은, 교회란 교인들이 신앙을 표현하며 지속시키고 끊임없이 변화시키는 살아있는 공동체임을 밝히는 데 필요한 지식을 제공한다.

한국교회에서 아주 생소한 교회학은 단어 자체의 의미로 '교회를 연구한다'는 뜻이다. 더 쉽게 말하면 '교회 알기'이다. 영어로는 congregational studies, 직역하면 '회중연구'이다. 그런데 교회학이라 부르는 이유는 '회중'이라는 단어가 교인들, 특히 젊은 세대들에게 낯설기 때문이다. congregation을 우리말로 어떻게 번역하느냐의 문제다. 그리

---

2 James F. Hopewell, *Congregation: Stories and Structures* (Philadelphia: Fortress Press, 1987), 12~13.

고 congregational studies에서 사용하는 congregation은 하나님 나라의 신학적 개념에 상응하는 지역에서 조직되고 제도화된 조직인데,³ 회중 (會衆)은 비록 풍부한 신학적 의미를 담을지라도 단순한 사람들의 모임 이라는 인상을 지울 수 없다. 따라서 〈감리회 신앙고백〉에서도 사용된 '교회'가 보다 일반적이다. 그러므로 이 글에서는 congregation을 회중 보다는 교회로 해석하며, 특정 지역 교회(local church)를 지칭할 때는 교 회 이름을 붙여 이와 구별한다.

실천신학의 한 영역으로서 교회학

교회 이름을 통해 그 교회의 위치를 알 수 있는 경우가 종종 있다. 최근에는 지역 이름이 아닌 교인의 정체성을 반영하여 교회 이름을 짓 기도 한다. 예를 들면, 예닮교회는 예수를 닮고자 하는 목적을, 안디옥 교회는 신약성서에 나오는 안디옥교회를 모방하고자 하는 목적을 담는 다. 지역이든 특정 목적이든 교회의 이름은 신앙공동체로서의 정체성

---

3 갈린도(Israel Galindo)는 church, Church, 그리고 congregation 개념을 쉽게 구분한다. church는 일반적인 지역의 특정 교회를 뜻하며, Church는 신학적 개념으로 하나님 나라 를 뜻하며, 끝으로 congregation은 하나님 나라의 신학적 개념에 상응하는 지역에서 조 직되고 제도화된 정의로 설명된다. 영어권에서 church보다는 congregation을 보편적으 로 사용하지만, 한글에서는 이 같은 개념으로는 회중보다는 교회를 사용하는 것이 훨씬 타당하리라 본다. *The Hidden Lives of Congregation: Discerning Church Dynamics*, (Herndon, Va: Alban Institute, 2004), 9.

을 반영한다. 더불어 교인이 사용하는 말이나 행동, 교회 건물의 구조, 다양한 장식 등도 교회의 문화를 담는다.

그것들은 교인의 신앙뿐만 아니라 가치관과 세계관을 반영하므로 그들의 삶을 '해석할 수 있는 기호들의 시스템'(system of construable signs)이 된다.[4] 또한 교인의 유대감, 소속감, 의미를 제공하는 근거가 된다. 예배당에 걸린 배너에도 교인의 신앙이 담겨있다고 하면 너무 비약적인가? 예배당의 구조나 강대상의 위치가 교파나 목회자 리더십의 차이를 표명한다면?

교회에서 교인들이 하는 일상적인 행동과 말은 교회 밖에서나 다른 교회들에서도 비슷하게 사용한다. 그렇다 하더라도 교인들이 체감하는 신앙은 다르다. 같은 말이나 비슷한 행동, 같은 상징물이지만 교회마다 다양한 의미를 갖더라도, 세상에는 같은 교회가 없다. 교회의 역사, 일화들, 설교, 신앙프로그램, 교육프로그램, 그리고 비전선언문 등은 교인들의 경험을 표현하는 신앙적 기호들로, 내부적으로는 교인의 결속과 소속감을 제공하며, 외부적으로는 그들의 정체성을 표명한다.

교회마다 신앙도 다르고 정체성도 다르며 그 밖의 것도 다르다면, 우리는 어떻게 그것들을 파악할 수 있을까? 홉웰은 상황적·기계적·유기체적·상징적 연구라는 분석 틀을 제공한다.[5] 상황적 연구는 변화하는 사회 상황 속에서 교회의 외형적 변화인 성장과 쇠퇴에 대해 분석을 중

---

4 Clifford Geertz, *The Interpretation of Cultures*, (New York: Basic Press, 1973), 4장을 참조해라.
5 Hopewell, *Congregation*, 2장을 참고하라.

요하게 여긴다. 기계적 연구는 교회 내부에 관심을 가지면서 다양한 프로그램들의 효율성을 파악하는 분석으로 교회성장학이 대표적이다.

유기체적 연구는 교회를 유기체로 보고 교인들의 정체성을 파악하는 분석이다. 끝으로 상징적 연구는 교인의 일상적인 말이나 행동 등에 의미를 부여하고 그것들을 상징체계로 보며 분석한다. 교회학은 네 가지 연구를 모두 아우르지만 상황적이고 기계적 연구들보다는 유기체와 상징적 연구들에 더 많은 관심을 둔다.

교회학의 교과서가 있다. *Handbook for Congregational Studies* (Jackson W. Carroll, Carl S. Dudley, William McKinney, Abingdon, 1986), 12년 후인 1998년 같은 출판사에서 Nancy T. Ammerman이 추가 저자로 참여한 *Studying Congregations: A New Handbook*이다.[6] 앞의 책은 '서론·정체성·상황·과정·프로그램·방법론·후기'로 구성되었다. 뒤의 책은 7장으로 구성되었으나 내용은 다르다. '서론·교회 안의 신학·생태학·교회 문화와 정체성·과정·자원·리더십과 교회학·방법론'이다. 두 책의 목차 비교로 교회학은 훨씬 체계화된 학문으로 발전했음을 알 수 있다. 교회학은 생태학(환경), 문화, 과정, 그리고 자원이라는 네 개의 프레임으로 발전하고 있다.[7]

---

6 이 책은 2006년 번역되었으나 아쉽게도 찾을 수 없다. 번역본도 미국의 아빙돈 출판사에서 출판되었다. 이 연재에서는 『회중연구: 이론과 실제 핸드북』(김계오 역)에서 인용한다. 절판.

7 www.studyingcongregation.org 교회학에 관한 웹사이트 중 하나이며, 책임자인 Nancy T. Ammerman은 후자의 책 편집자로서 에모리 대학교, 하트퍼드신학교를 거쳐 현재 보스턴 대학교에서 은퇴했다. 미국에서 교회학을 주도하는 대표적인 학자이다.

후자 책의 1장(교회 안의 신학: 발견과 신학적인 전개)을 쓴 슈라이터(Robert J. Schreiter)는 그룸(Thomas H. Groome)과 브라우닝(Donald S. Browning)의 실천신학을 교회가 처한 상황 묘사, 상황과 기독교 전통의 결합, 그리고 결합에 따른 변증법적 해석학이라는 세 단계로 설명하면서 교회학을 실천신학의 한 부류로 설정한다. 그는 교회학을 "하나님에 대한 교인의 이해, 그리고 교회와 세계에 대한 하나님의 목적에 충실히 하려고 애쓰는 살아있는 신앙공동체의 모습을 보여주는" 학문으로 정의한다.[8] 헤이츠(Roger Haight)와 니이만(James Nieman)은 교회학(congregational studies)과 교회학(ecclesiology)의 만남을 제공하는데, 지역 상황에서 교회에 대한 사회적, 신학적 이해를 함께 공유하는 상호보완적 방법들을 제안한다고 주장한다.[9]

실천신학의 여러 분야와의 만남은 1988년 넬슨(Ellis C. Nelson)이 편집한 책 *Congregation: Their Power to Form and Transform*에서도 나타난다. 이 책은 한국장로교총회교육부가 기획한 기독교 교육 연구시리즈의 하나(『회중들: 형성하고 변형케 하는 회중의 능력』, 1995)로 출판되었지만, 내용은 실천신학과 연계된다. 김재은은 기독교 교육과 연계시키는 소논문으로 "교육목회의 참여자-회중연구"를 1993년 「신학과 세계」 제27호에 실었다. 따라서 교회학은 실천신학의 한 분과로 자리매김하면

---

8 『회중연구: 이론과 실제 핸드북』, 27.
9 Roger Haight and James Nieman, "On The Dynamic Relation Between Ecclesiology and Congregational Studies," *Theological Studies* 70, 2009: 577~99. 둘을 교회학으로 번역할 때 문제가 생긴다. 그러나 실제 학문 영역이 다르기에 혼돈은 없다.

서 신학의 여러 분야와 만남이 있었으며, 더불어 한국에서도 교회학을 향한 작은 시도들이 있었음을 알 수 있다.

앞으로 다룰 내용들

지금까지 교회학에 대한 간략한 정의와 실천신학의 한 영역으로서 교회학을 설명하였다. 목차처럼 교회학의 네 가지 프레임인 환경, 문화, 과정, 자원을 설명하고, 끝으로 리더십을 더하려 한다.

생태학(ecology)이란 교회가 처한 환경(context)을 의미하는 것으로, 지역사회에서, 그리고 여러 교회에서 하나로서의 개체교회가 처한 상황 분석을 뜻한다. 생태학은 교회 외적인 요소로서 지역사회 안에서 교회의 위치를 파악하는 데 목적이 있다. 인구학적 분포, 지역 변화, 지역문화, 다른 종교조직들을 포함한 기타의 조직체들 등을 파악한다. 그것은 홉웰이 언급한 상황적 연구와 비슷하다.

문화(culture)는 교회의 정체성을 포함한 포괄적 분석이다. 여기에서 교회는 그들만의 독특한 문화를 형성한다는 전제를 둔다. 교인들의 일상생활 패턴을 통해 문화로 정착되므로 어떻게 교회의 정체성이 되는지를 파악한다. 가장 쉬운 예는 예배이며, 교회학교, 친교 활동, 여타의 모임들, 사역들이 연구 대상이다. 또한 건물의 구조, 건물 공간의 활용, 장식물들도 포함한다. 교인들이 자주 사용하는 일화들이나 역사,

사건들, 언어적 표현들도 예가 된다. 그것들은 교인의 신앙과 세계관을 담고 있으며, 상징, 이미지, 은유적인 내러티브로 드러난다. 교회학에서 가장 중요한 부분이다. 문화는 홉웰의 유기체와 상징적 연구에 해당한다.

과정(process)은 교인 생활의 역동성이다. 교인들이 계획을 세우고 선택과 결정을 할 때, 그것들은 공식적인 과정인지 아니면 비공식적 과정인지를 파악해야 한다. 과정은 교인들이 알기 쉽게 잘 드러나기도 하고 은밀하게 진행되기도 한다. 과정에서 교인들 사이에 숨어 있는 갈등이 나타나면서 교인들의 역동성이 파악된다. 과정은 교인들의 행동을 파악하는 데 도움을 주며, 교회가 위기에 처했을 때 중요하게 대두된다.

자원(resources)이란 교회가 지닌 자본들이다. 인적 자원, 물적 자원, 영적 자원, 그리고 지역사회의 평판도 포함된다. 교인 수뿐만 아니라 교인들의 사회적 배경, 교회 활동의 참여와 헌신도 연구 대상이다. 물적 자원에는 예산과 지출, 헌금의 종류 등이 포함되며, 자산으로는 건물이나 동산 등이 속한다. 가구, 피아노 등의 기타 물품들도 포함한다. 더불어 자원에 관한 연구는 교인들에게 교회의 자원을 지역사회에서 필요한 사회적 자본으로 볼 것인지를 고민하게 한다.

마지막으로 리더십(leadership)이다. 교회학에서 리더십은 일반적인 목회자의 리더십 혹은 평신도의 리더십에 대한 평가와는 차이가 있다. 일반적인 리더십은 목회자 혹은 평신도 지도자 개인의 능력이나 특성, 상황에 따른 역할을 뜻한다. 그러나 교회학에서 리더십은 "교회 안에서 다양한 사람들에 의해 실행되는 활동"으로 본다.10 그것은 교파 전통과 개교회의 역사, 그리고 교회의 규모에 따라 목회자와 평신도 지도자의 리더십이 달라진다는 의미이다. 더불어 교회의 지역, 교인의 계층이나 연령층 등도 리더십을 파악하는 데 포함되어야 한다.

벼랑 끝에 서 있는 한국교회

한국교회는 위기에 놓여 있다. 교인 감소, 사회의 가혹한 평판, 목회자의 권위 상실, 부적절한 리더십 등으로 상처투성이인 몸에 비유해도 과언은 아니다. 더 큰 위기는 사회에서 사람들을 설득할 만한 신앙이 없다는 데 있다. 50년 전, 세속화의 결과로 버거(Peter L. Berger)는 사람들이 하나의 신앙으로만 살았던 시대에서 여러 개의 신앙과 스포츠, 오락 등과 같은 신앙의 기능적 대체물과 경쟁하는 시대가 되었다고 말했다. 그의 주장은 오늘 한국교회를 향한 경고다. 교회의 위기는 교인이든 아니든 교회가 믿을만한 종교로서 설득력 구조(신앙)를 제공하지 못하고 있다는 사실을 반영한다.

IMF 이후 지난 20년 동안 한국 사회는 해체의 여정을 걷고 있다. 그동안 사회를 지켜온 법, 정치, 교육, 종교 제도는 탈(脫)이라는 과정을

---

10 『회중연구: 이론과 실제 핸드북』, 170.

지나고 있다. 그 안에서 전통, 규범, 신앙들도 기존의 체계에서 해체되고 있다. 교회가 겪는 숱한 위기들에서 사람들은 "이렇게만 믿어야 해. 이게 신앙이야"라고 했던 신앙의 설득력 구조를 더 이상 중심에 두지 않는다. 소소하고 다른 모습도 신앙임을 말해 주는 중심이 해체된, 탈중심에 사는 오늘날의 사람들에게 교회학은 어떤 의미가 있을까?

교회학은 교회를 섬기는 이들에게 교회를 더 잘 알 수 있도록 돕는 학문이다. 그들이 평생 섬겨온 교회를 제대로 이해하는 기회를 제공하는 것이 목적이다. 교회학은 그들에게 교회를 향한 새로운 시야를 제공하며 한층 성숙하고 심화한 헌신과 사역에 이바지하도록 돕는다.

2장 교회의 환경

– 우리는 어떻게 교회 주변의 환경을 파악하겠는가?

지역사회란?

우리는 '지역사회'에 살고 있다. 그 의미는 우리가 살고 있는 지역을 뜻하는데, 지리적인 범위를 생각하면 대체로 행정적 구분(읍·면·동)을 염두에 둔다. 지역사회를 더 친근한 말로 하면 '마을'이다. 지역사회와 마을을 같게 보는 이유는 둘 다 사회적 환경이기 때문이다. 산업화와 도시화를 겪은 사람들에게 마을은 삶의 터전이었지만, 도시에서 태어나고 자란 도시세대에게 마을은 교과서에 나오는 개념일 뿐이다.

마을을 경험하지 못한 도시인은 지역사회에 관해 '뭐지!' 하는 당혹감을 품는다. 그러다 보니 도시인에게는 특정 아파트 단지들을 지역사회로 받아들이는 게 훨씬 수월하다. 아파트 단지는 지리적 거리보다는 주민들의 이해관계를 통해 그들만의 사회적 환경을 만들기 때문이다. 도시인들의 삶에서 지역사회란 보이지 않는 이해관계로 엮인 망(web)들 속에서 끊어짐과 이어짐이 지속되는 곳이다.

교회는 지역사회의 사회적 환경 속에서 어디에 있을까?
우리는 어떻게 교회의 위치를 파악하고, 지역사회를 선교의 장으로 만들 수 있을까?

여러분에게 한 가지 제안한다. 교인들이 교회에 오는 시간을 30분으로 정할 때, 한 달 동안 주일예배에 세 번 이상 출석하는 교인은 전체 중에서 몇 퍼센트가 되는지를 파악해 보라. 30분 거리는 도보로 2킬로미터, 대중교통으로 5킬로미터, 자가용으로 10킬로미터 정도다.

제안을 통해 알 수 있는 내용들은 몇 가지다. 30분 거리 비율이 높을수록 교인은 예배나 다른 활동에 참석할 가능성이 크다. 비율이 낮다면 교인은 교회에서 멀리 떨어져 있으므로 주일예배 외의 다른 활동에 참석할 가능성이 작다. 비율이 낮을수록 교회 건물은 주중에 비워질 가능성이 크다. 비율이 낮을수록 교회는 교회 주변에 사는 주민들과의 소통이 적으며, 교인의 자녀들은 교회에 출석할 가능성이 작아 교회학교는 힘들어진다.

교회 지도자들은 그런 예측만 아니라 다른 짐작도 할 수 있다. 교인과 교회의 거리상 가까움은 교인의 참여도나 교회의 활동에 중요하다는 결론을 내릴 수 있다. 하지만 산업화와 도시화로 인하여 교인들은 교회로부터 거리상으로 멀리 떨어져 살아간다. 지역사회가 사라진 도시문화의 환경 속에서 교회도 지역성을 상실한 채 점차 지역 주민들에게서 멀어지고 있다. 교회 선교의 문이 닫힌 사회적 환경이라 해도 틀리지 않을 듯하다.

교회의 사회적 환경은 왜 중요한가? 교회는 섬이 아니다. 교회 밖에 세상이 있지 않고 세상 안에 교회가 있다. 그것은 매우 중요한 인식의 전환이자 신학적 전환이다. 세상의 중심에 교회가 있지 않으므로, 세상 일부로 종교의 영역이 있고 그중에 교회가 있다. 혹자는 그런 전환을 인정하지 않을 수도 있겠지만, 눈 가리고 아웅하지 않는다면 우리는 현실을 수긍해야만 한다.

한국 사회는 종교인(44%)보다 비종교인(56%)이 더 많으며, 종교인 중에서도 세 명 중 한 명꼴로 개신교인이다. 한국은 절대다수의 특정 종교가 없는, 여러 종교가 공존하는 사회이다. 지역사회를 둘러보면 우리는 그런 현실을 쉽게 알 수 있다. 감리교와 장로교에 속한 교회의 건물들을 자주 본다. 아주 가끔 작은 교파(성공회, 루터교 등)에 속한 교회들도 있다.

가톨릭의 성당도 있으며 현대식 건물의 사찰들도 있다. 아주 적은 수이지만 자생적 종교(원불교)들의 건물도 있으며, 특정 지역에만 있는 외래종교(이슬람)의 건물도 있다. 장대에 흰색과 붉은색 깃발을 내건 건물들도 있다. 종교조직은 아니지만 종교와 유사한 기능을 하는 건물(요가학원, 심리치료센터, 스포츠센터 등)들도 있다. 우리는 거리를 걸으면서 지역사회에 있는 여러 종교기관을 볼 수 있다. 우리가 속한 교회는 이처럼 많은 종교와 경쟁하고 있다.

교회의 지역사회와 심리적 거리

교회의 지역사회는 어디까지일까? 도시에서 교회의 지역사회 범위를 지리적 거리로 정하긴 매우 힘들다. 정확한 자료는 없으나 많은 교인은 교회에서 적어도 1시간 정도 떨어진 지역에 살고 있다. 누군가는 교인들의 주거지가 평소 출퇴근 거리만큼 교회에서 떨어져 있다고 말한다. 집에서 교회까지의 거리는 상황에 따라 다르므로 지리적 거리로 평가할 수 없지만, 교인들이 편하게 올 수 있는 심리적 거리는 파악할 수 있을 듯하다.

예를 들면, 집에서 교회까지 시간이 30분이라면 위 제안(2/5/10㎞)의 거리가 될 수 있다. 1시간이라면 거리는 30분보다 훨씬 멀어진다. 그만큼 교인의 범위는 상대적으로 넓어진다. 교회의 지역사회 범위를 도보로, 대중교통이나 자가용을 이용한 30분 거리로 정한다.

교회의 지역사회를 30분의 반경으로 정한다면, 지리적 거리는 대략 10킬로미터 이내가 되는데, 그것은 교회의 지역사회를 뜻하는 심리적 거리가 될 수 있다. 우리는 어떻게 10킬로미터 이내 지역사회에 무엇들이 있는지를 파악할 수 있는가?

우선 우리는 행정 구역의 관공서(구청, 군청, 시청 등) 홈페이지에 들어가서 지역 통계 연보를 보아야 한다. 지역 통계 연보를 통해 인구수, 가구의 수 등 여러 정보를 얻을 수 있다. 그것들은 지역사회를 이해하는 가장 기초적인 내용이다. 또한 구(시·군)의회 홈페이지에서 의원들의 의정활동을 통해 지역 현안들을 파악할 수 있다. 지역 현안들은 지역 주민들이 실생활에서 필요로 하는 내용이므로 앞으로 지역사회에 있을 변화를 예측할 수 있다.

둘째, 우리는 지역사회를 구경해야 한다. 시간을 내어 거리를 걸으면서 지역사회를 둘러보라. 지역 주민들이 자주 왕래하는 거리는 어딘지 알아보라. 그들이 자주 다니는 길로부터 한 블록 떨어진 곳이라면 외진 곳이 된다. 최근 세워진 건물이 있다면 용도가 무엇인지도 알아보라. 그것으로 지역사회의 변화를 엿볼 수 있다.

지역 주민들이 자주 모이는 곳은 어딘지를 찾아보라. 주민들의 연령층이나 필요에 따라 모이는 곳은 달라진다. 도서관 혹은 체육·문화센터 등이 있다면 그곳을 자주 찾는 이들은 누구인지를 파악해 보라. 지역아동센터나 복지시설이 있다면, 자주 이용하는 이들은 누구인지를 알아보라. 또한 청년일자리지원센터나 여성창업지원센터와 같은 특정 목적을 위한 센터들도 있다.

셋째, 지하철이 아닌 버스(특히 마을버스)를 타고서 지역사회를 돌아보라. 버스를 타고 내리는 주민들의 이동 경로를 알 수 있다. 또한 시간대에 따라 버스를 이용하는 주민들이 다르다는 사실을 알게 된다.

지역에는 영리 목적을 위한 여러 조직이 있다. 일반 가게에서부터 소수의 직원을 둔 중소기업들도 있다. 큰 기업체들도 있다. 직원들은 지역 주민인지 아닌지, 지역사회에 편의점이 몇 개나 있는지, 치킨 가게는 몇 개인지를 알아보라. 동네 시장 거리 좌판에 놓인 음식을 먹는 이들은 누구인지, 지역 주민이 자주 이용하는 상가건물이나 식당 등은 어디에 있는지를 알아보라. 재래시장을 애용하는 주민과 대형 쇼핑센터를 선호하는 주민은 다른지 알아보라. 이러한 관심들은 지역 경제를 이해하도록 돕는다.

그런 파악들을 통해 우리는 지역사회의 역동성을 알 수 있다. 인구수만 아니라 지역 주민들이 좋아하는 곳은 어딘지도 알게 되고, 지역 주민 생활에 영향을 미치는 경제구조와 더불어 주민들의 생활양식도 알게 된다. 그런 정보는 교회에 무엇을 제공하는가?

교회의 사회적 환경

교회의 지역사회를 향한 심리적 거리에는 두 가지를 더 포함해야 한다. 넷째, 지역의 종교적 환경이다. 교회의 반경(10km)에는 교회뿐만 아니라 다른 종교기관들도 있다. 10킬로미터 밖에 있는 교회들이나 종교들에 속한 종교인들도 그 반경 안에 살고 있다. 전자에 속한 종교인의 수는 파악할 수 있으나 그들 모두가 반경 내에 살고 있는지는 알 수 없다. 후자의 경우에 속한 종교인의 수를 파악하기란 매우 힘들다.

따라서 10킬로미터라는 교회의 지역사회 심리적 거리 반경 안에 살고 있는 종교인 수를 파악하기란 어렵다. 아주 단순하게 10킬로미터 내에 있는 종교기관에 속한 인원을 지역의 종교인으로 계산해 볼 수 있을 듯하다. 더불어 그들 가운데 개신교인의 수도 파악할 수 있다.

끝으로, 우리가 연구하려는 교회에 속한 교인들은 누구인가 하는 내용이다. 그들은 지역 주민들인가? 그들의 일터는 지역에 있는가? 그들이 자주 이용하는 상가나 선호하는 센터, 그들이 자주 애용하는 식당은 지역에 있는가? 그와 같은 질문들을 통해 우리는 교인들의 생활양식을 알 수 있는데, 그것들은 지역 주민의 생활양식과 얼마나 유사한지 아니면 다른지를 알아볼 수 있다.

우리는 다섯 가지를 통해서 교회의 지역사회 심리적 거리 안에 있는 정보를 조금이나마 알 수 있다. 파악된 내용을 이 글에서는 '교회의 사회적 환경'이라 부르고자 한다. 사회적이란 교회에 속한 교인들이 행동하는 데 영향을 끼치는 교회 외부의 요소들을 의미한다. 사회적 환경으로부터 영향을 받는 교인들이 교회에 모여 함께 신앙공동체를 구성하는데, 우리는 그것을 'ㅇㅇ교회'라 부른다. 따라서 교회의 사회적 환경을 줄여서 '교회의 환경'이라 부른다.

교회는 열린 조직이므로 교회 외부로부터 영향을 받는다. 지역사회의 발전과 쇠퇴에 따라 교인 수는 늘어나기도 하고 줄어들기도 한다. 가장 큰 변수는 재개발이다. 지역사회의 재개발은 쿠데타라 해도 틀리지 않는다. 재개발은 토박이를 떠나게 만들고 새로운 사람을 정착게 만든다. 자영업자 식당들은 프랜차이즈 식당들로 바뀌게 되며 대형 쇼핑센터는 지역 상권을 소멸시킨다.

교회도 재개발 지역의 종교 부지를 얻어야만 살아남을 수 있다. 옛 교인은 사라지고 새 교인으로 채워져야만 하는데, 최근 이사를 해도 교회를 옮기지 않는 교인들이 늘어난다. 지역의 대학 폐쇄나 기업 도산으로 지역 경제에 악영향을 끼치게 될 때, 교회도 영향을 받는다. 특히 중소도시의 경우 지역경제의 위기는 교인들이 교회를 떠나게 만들 수 있으며, 교회는 위기를 경험하기도 한다. 지자체의 복지정책 강화로 교회의 봉사활동은 점차 축소되어 가고 있다. '교회의 환경'은 점차 더 강력하게 교회에 영향을 끼치고 있다.

교회의 환경 속에서 우리가 보아야 하는 것은?

지난 반세기 동안(1970~2020년) 우리는 도시화의 거대한 흐름 속에서 살아왔다. 도시화가 진리인 양 땅은 정복의 대상이었고 탐욕의 대상이 되었다. 사람들은 더 이상 지리적 한계로 제한된 삶을 살지 않는다. 교통수단의 발전은 교인들에게 지역과 교회와 교파의 충성심에서 벗어나게 한다. 도시 생활에서 교회는 더 이상 지역 교회가 아닌 경우가 많다.

도시 생활에서 1시간 거리는 일상화된 이동 거리다. 도시 생활은 사람들에게 개개인의 취향에 따른 하부문화들(subcultures)에 속하도록 만든다. 도시문화에서 교회도 하부문화의 하나로 분류되기도 한다. 비슷한 생활방식이나 같은 관심사를 가진 사람들끼리 교회로 모인다. 그것은 교회이지만 마치 또래 집단 같기도 하여 기존의 교회와는 다르기에 유사교회(類似敎會, parachurch)라 부를 수 있다.

도시 세대들은 부모가 다녔던 교회보다는 그들의 필요에 따라 교회를 옮긴다. 그들의 수평 이동이 이전 세대보다 수월한 이유다. 몇몇 교회는 지역사회가 더 이상 선교 대상이 아니다. 지역을 넘어 해외로 선교의 장이 확대한다. 인터넷은 그런 변화를 촉진한다.

우리는 앞에서 소개한 방법을 통해서 지역사회에 관한 정보를 조금이나마 얻을 수 있다. 통계정보를 통해서 지역 주민들이나 소외된 주민들이 얼마나 되는지 알 수 있다. 지역 둘러보기를 통해서 주민들이 좋아하는 곳들은 어디인지, 그들의 생활양식이나 기호들도 알 수 있다. 더불어 지역 경제나 지역 정치구조도 파악할 수 있다.

그런 정치·경제적 조직체는 지역사회를 움직이는 힘으로 작용한다. 교회는 그런 조직체들과 관계를 맺고 있다. 어떤 조직체는 교회에 직접적인 영향을 끼친다. 나머지 둘은 지역의 종교적 생태계에 대한 정보를 제공한다. 지역 교회는 몇 개가 있는지, 전체 교인 수는 몇 명인지를 대충 알 수 있다. 교회 간의 관계는 서로 경쟁구조이지만, 다른 한편으로는 지역의 복음화를 책임지는 공동체이기도 하다.

교회의 환경은 지역사회의 변화에 영향을 받는다. 재개발 같은 지역사회의 변화는 교회의 변화로, 지역 주민의 변화는 교인의 변화로 이어진다. 사람이 바뀌면 문화가 달라지고 조직이 바뀐다. 교회는 어떻게 지역사회의 변화에 대처하는가? 일부 교회들은 지역사회의 급속한 변화에 지체(遲滯)되고 있다. 세상과의 분리를 강조하나 지체는 쇠퇴로 이어질 뿐이다.

변화를 수용하는 교회는 교회구조를 바꾸려 노력한다. 그들의 수고에도 불구하고 교회는 구체적인 결과를 얻지 못할 수도 있다. 다만 변화에 반응하는 현실을 주목해야 한다. 변화는 내부적으로 갈등을 일으키거나 조직에 위기를 가져올 수도 있지만, 새로움을 가져다줄 수 있는 희망적인 요소이기도 하다.

교회의 환경을 알기 원한다면 다음을 시도해 보라.

첫째, 인터넷 지도에서 30분 반경을 고려하여 동서남북으로 특정 지점을 정하라.

둘째, 반경 안의 주요한 건물들을 확인해 보라. 더불어 지역 주민들이 자주 다니는 거리, 상가, 카페, 시장, 쇼핑센터 등이 어디에 있는지를 파악하라.

셋째, 지역의 종교적 생태계를 주목하라. 무속집단도 반드시 포함해라. 세워진 지 50년이 넘고 오백 명 이상 모이는 교회가 있다면 주목하라.

넷째, 종교 집단에 속한 사람들은 누구인지를 파악하라. 그들의 연령층, 직업, 거주지 등을 알아보라.

위의 제시들에 대한 이해를 돕는 간단한 예이다.

　　○○교회에 속한 교인의 60%는 교회 부근(10㎞)에 살고 있다. 교회는 최근 재개발로 세워진 아파트 단지로 이사 온 젊은 사람들의 유입으로 인해 성장하고 있다. 그들을 위한 프로그램을 만들고 건물구조도 바꾸었다. 나이 든 기존 교인들은 그런 변화에 동조하면서도 한편으로는 서운함을 갖고 있다. 자기들의 손때가 묻은 교(가)재도구(教財道具)들이 사라졌기 때문이다. 담임목사는 변화에 따른 저항이 아니지만 보이지 않는 힘과 씨름하고 있다. 그것은 세대 간의 다름에서 생긴 문화적 차이(cultural gap)다. 그 차이는 다른 세대들이 함께 공유하는 신앙프로그램이 되어야 한다는 압박감이다.

3장 교 회 의 문 화
― 교회 문화를 그들만의 신앙이라 불러도 될까?

교회 문화를 사람의 지문으로 비유한다. 우리는 세상에 똑같은 지문이 없다는 사실을 알지만 쉽게 차이를 알지 못한다. 겉으로는 교회마다 같은 신앙고백을 하고 같은 찬송을 부르며, 비슷한 설교를 듣고 교회마다 별 차이 없는 활동이 있으므로 교회의 차이를 알지 못한다. 하지만 신앙고백, 찬송, 설교의 내용, 교회의 활동을 수용하고 삶에 응용하며 살아가는 신실한 하나님 사람들에게 그것들은 의미가 전혀 다르다.

그런 근거를 바탕으로 '세상에 똑같은 교회는 하나도 없다'라고 주장한다. 교회마다 다르고 교회 문화도 다르다. 교회 문화는 교회의 신앙고백이다. 여기에서 독자들은 적어도 "교회 문화, 뭐지?" 그리고 "뭐가 다르지?" 하는 물음을 품을 수 있다. 교회 문화를 아주 짧은 글로 함축하려다 보니 개념들을 많이 사용하게 되었다.

교회 문화는 뭐지?

문화를 개인이 태어나서 소속된 집단의 생각·감정·행동 등, 학습되는 사회적 환경에 따른 '집단적 정신 프로그램'으로 정의한다면[11], 우리는 문화를 더욱 폭넓게 이해하게 된다. 간략하게 정의하면, 문화는 '자기생산'(autopoiesis)[12]적이며, 축적되지만 고정된 상태로 있지 않고, 사람들이 처한 상황들에 따라 여러 갈래로 변한다.

문화는 사람들에게 사회(집단) 안에서 허용될 수 있는 범위(예를 들면, 도덕)를 알려주며 사회에서 수용되거나 배타적으로 되는 근거가 된다. 사람들은 문화를 제대로 이해하지 못한다고 해도 지역과 시간의 제약을 받지 않고 확장한다.

그런 문화의 일반적 속성들로부터 영향을 받는 교회 문화의 특성은 무엇인가? 그것은 특정 교회에 교인으로 등록한다면 교인이 되기 위한 요구사항을 따라야만 하는 '강제성'이다.[13] 새 교인은 그것이 무엇이든 상관없이 반드시 따라야만 하며, 더불어 기존 교인의 신앙생활을 모방해야만 하는 의무를 강요받는다.

---

[11] 헤르트 홉스테드 외(Geert Hofstede, Gert Jan Hofstede, 그리고 Michael Minkov) (차재호·나은영 공역), 『세계의 문화와 조직』 (*Cultures and Organizations 3rd ed.*) (학지사, 2014), 26~28.
[12] 니클라스 루만(Niklas Luhmann) (박여성 역), 『사회체계이론 I』 (*Soziale Systeme: Grundriss einer allgemeinen Theorie*) (한길사, 2007), 22~23.
[13] 제프리 알렉산더(Jeffrey C. Alexander) (박선웅 역), 『사회적 삶의 의미: 문화사회학』 (*The Meaning of Social Life: A Cultural Sociology*) (한울, 2007), 26. 알렉산더는 이것을 "사회적 삶의 강제적 측면"이라 한다.

교인이 되는 과정에서 있는 그대로 '교회 문화'를 받아들인다. 교회 문화는 정형화된 체계(교리)로 규정되는 교회의 내규로 나타나고, 특정한 양식이 없지만 교인들에게 습관화된 행동으로 드러난다. 교회 문화가 신앙생활의 양식일 때, 교인들은 교회 내부만 아니라 일상생활까지 확장한다.

또한 그것의 반복된 행위들로 인한 영향을 받을 때, 그것은 교인들에게 오늘을 살아가게 만드는 삶의 의미를 제공한다. 교인들은 신앙생활의 양식을 공유하면서 "상징·영웅·의례·가치" 등을 만든다.[14] 상징이란 "어떤 문화를 공유하는 사람들에게만 소통되는 특별한 의미를 지닌 말, 동작, 그림, 또는 대상을 가리킨다."

영웅은 문화 안에서 높은 평가를 받는 인물이며, 의례(ritual)는 집단의 활동으로 인사하는 법과 존경을 표하는 법, 사회적 및 종교적 행위로 나타나며, 끝으로 가치는 어떤 상태보다 다른 상태를 선호하는 포괄적인 경향으로 긍정적인 면과 부정적인 면의 대립하는 구조로 설명된다.

예를 들어, A 축구선수를 좋아하는 팬들에게 A는 영웅이며, 팬들은 팬클럽을 상징하는 휘장을 만들고 그의 유니폼을 입음으로써 자신과 동일시하고, 그가 출전하는 경기를 보면서 집단으로 응원(의례)하며 일체감이라는 가치로 승화시키고 보람(의미)을 찾는다. 그런 현상은 교회에서도 동일하게 일어난다. 목회자의 종교적 체험은 교회를 특정 짓

---

14 홉스테드, 28~29.

는 중요한 종교적 상징으로, 교인은 담임자의 체험을 자기 체험으로 받아들이려 한다(영웅과의 동일시).

그런 전이는 교인이 되는 통과의례이자 독특한 교회 문화로 발전된다. 그것은 교회만의 절대적 가치이자 그들만의 특별한 신앙으로 승화된다. 만일 누군가 그것을 부정하거나 비난하게 될 때, 배타적 태도만이 아닌 적대적 관계로 비화하기도 한다. 왜 그럴까? 신앙이기에 그렇다.

삶에 의미를 부여하는 교회 문화는 신앙이다

신앙생활의 양식인 교회 문화는, 기어츠의 표현을 빌리면, 교인의 삶을 '해석할 수 있는 기호들의 체계'(system of constructive signs)이며, 교인에게 오늘을 살아가게 만드는 '의미의 망'(webs of significance)을 제공한다.[15] 그는 종교를 문화적 상징 체계와 삶의 실현으로 보았다.

'안식일을 기억하며 거룩하게 지키라'라는 십계명은 교리일 뿐만 아니라 일상생활에도 영향을 미치는 규범이므로 교인의 가치관과 세계관으로 승화한다. 주일을 지키지 않은 교인에게 나쁜 일이 생겼을 때

---

15 클리포드 기어츠(Clifford Geertz) (문옥표 역), 『문화의 해석』(The Interpretation of Cultures) (까치, 1998), 5, 113.

주일을 지키지 않은 일을 원인으로 해석한다면, 그런 해석은 종교의 문화적 상징 체계다. 그것은 개인의 경험 차원을 넘어 집단의 규범이 되며 집단을 통제하는 수단으로 확장한다.

다른 예로 방언은 개인의 종교적 체험이지만 특정 교회에서는 교인이 되는 통과의례로 소속감과 일체감을 부여하는 행위다. 그것은 개인이 아닌 집단의 경험으로 교회 문화로까지 확장된다. 따라서 종교의 문화적 상징 체계로서 교인의 삶을 해석하는 의미의 망인 교회 문화는 교인의 종교적 영역을 넘어 일상생활의 영역에서 일어나는 일들이나 사건들까지도 해석하는 토대가 된다.

홉웰은 의미의 망을 교인들이 사용하는 관용어나 제스처, 교회 건물의 구조, 교회에서 만드는 음식, 인위적인 가공물(배너, 깃발, 그림, 조각 등)들로 제시한다. 그는 의미의 망이 내러티브 형식을 띤다고 말하면서, 교회는 교인의 삶에 감정과 질서를 정해주는 내러티브의 해석과 표현에 깊이 관여한다고 주장한다.[16]

내러티브는 교인들이 즐겨 사용하는 농담이나 신앙 경험의 이야기 또는 삶의 고백, 교인 간의 논쟁, 성경에 대한 체험 이야기, 교회 역사에 관한 서술, 과거 교회의 중요한 사건들에 대한 기억, 그리고 새로운 사역의 비전 등 다양한 형태로 드러난다. 교회에서 사용되는 내러티브는 세상과 소통하는 매개체로 다른 교회들과는 구별되는 독특한 형태를 보인다.

---

16 Hopewell, *Congregation*, 5, 12~13, 46.

교인들이 공유하며 사용하는 내러티브는 살아가는 삶의 이야기자 신앙의 이야기다. 내러티브 속에서 교인들은 과거의 경험을 말하지만 실제로는 현재의 삶을 살고 있는 상황에서 신앙의 힘으로 중심을 잡으며, 미래를 향한 신앙적 희망을 품는다. 교회 내에서 교인들은 내러티브로 집단적 유대감을 형성하며 서로 관계를 더욱 돈독히 한다.

내러티브는 신앙공동체의 본질을 이해하고 소속감과 연대감을 느끼게 되면서 다양한 활동들로 참여도를 높인다. 따라서 그것에 드러난 신앙생활의 양식인 교회 문화는 정체성을 담고 있으며, 교회 문화와 정체성을 유지하는 교회와 그렇지 않은 교회는 성장과 쇠퇴라는 전혀 다른 길을 걷는다. 의미의 망을 제공하는 내러티브의 표현이 같다고 하더라도 교회마다 해석하는 틀은 다르므로, 내러티브는 교회의 상황에 따라 다르게(multivocality) 해석된다.[17]

교회 문화를 어떻게 파악하는가?

교인들이 모여 움직이는 활동들은 교회 문화를 담고 있다. 가장 대표적인 예는 예배이다. 교인들은 예배에 참석하면서 '우리'라는 소

---

[17] 빅터 터너(Victor Turner) (박근원 역), 『의례의 과정』(*The Ritual Process: Structure and Anti-Structure*) (한국심리치료연구소, 2005), 93.

속감, 통일된 비전을 갖는 일체감, 그리고 다른 이들과 구별 짓는 배타성을 보인다. 예배 형식과 분위기, 예배에 사용되는 소품들, 예배에서 자주 부르는 찬송가, 예배 인도자의 역할이나 의상, 제단 장식, 예배당 벽에 걸려 있는 표어나 깃발 등 모두에는 의미가 담겨있다.

예배 시간에 찬송을 부르는 행위는 교인들에게 과거의 믿음을 회상하는 기회이자 믿음을 재차 확인하는 기회이므로, 찬송가 이외 복음송가 혹은 CCM을 부르는 것은 교회 문화만 아니라 세대 차이를 반영한다. 평신도가 예배 인도자로 참여하는 행동은 종교적 권위를 반영하는 교회구조의 문화다.

더불어 절기별로 진행되는 부활절, 성탄절, 창립기념일 등은 교회가 공유하는 믿음을 주기적으로 강화하는 의례(rites of intensification)이다. 목회자의 이취임식과 같은 교회의 통과의례들은 교인들에게 교회의 정체성이 무엇인지를 확인하는 기회를 제공한다.

교회학교나 특정 목적을 위한 프로그램들로 소그룹 모임, 부흥회, 수련회, 선교 훈련 등은 교인의 신앙 증진이라는 목적을 넘어 교회의 정체성과 교회 문화를 양산하며 함께 활동하는 교인들에게 성취감을 제공한다.

전교인 수련회, 체육대회, 공동식사 등의 활동들은 친교라는 목적과 함께 일치감을 제공하는 교회 문화를 만든다. 지역사회를 위한 봉사 활동은 세상 안에서 교회를 자리매김하면서 교회의 사명을 확인하는 기회를 제공하는 교회 문화이다.

기획위원회 등과 같은 교회 운영을 담당하는 활동은 교회가 세상에 있어야 하는 정체성을 확인하는 계기가 된다. 예배 인도자의 활동은 성(?)스러워 보이며, 화려하지 않으나 교회를 움직이는 영향력의 가장 좋은 예는 교회 주방이다.

교인들은 모든 활동들을 통하여 교회가 무엇을 위해 있어야 하는지, 무엇을 해야 하는지를 파악하며, 교회 안과 밖의 자리에서 그것들을 내러티브로 말한다. 우리는 모든 행위를 신앙생활이라 말한다.

한때, 교회를 건축 혹은 재건축하면 사람들의 왕래가 잦은 1층에 카페를 만드는 유행이 있었다. 교회는 지역사회와 소통하는 통로로 카페를 만들었다. 교회 건물은 종교적 건물이지만 지역사회를 위한 사회적 자본이다. 교회 건물을 어떻게 활용하는지에 따라 교회의 관심이 무엇인지를 알 수 있다. 교인마다 좋아하는 공간도 다르다.

공간의 사용은 교회를 움직이는 영향력과 비례하기도 한다. 강대상을 한 개 둘 것인지 두 개를 둘 것인지, 십자가와 제단의 위치를 중앙에 둘 것인지, 스테인드글라스로 창을 만들 것인지, 기도실을 만들 것인지, 벽에 어떤 종류의 배너를 걸 것인지 등 중요한 일이든 그렇지 않든 하나하나에 교회의 역사와 전통이 깃들어 있다. 따라서 교회 문화는 교인들에게 일상적인 일들을 소중하게 여기는 가치를 심고, 교회를 지역사회와 교류하는 장으로 활용하도록 만든다.

교회의 역사, 건축이나 개척 등과 같은 신앙의 사건으로 만들어진 신화, 교회를 지역사회의 센터라는 은유적 표현 등도 교회 문화를 나타내는 중요한 내용들이다(역사, 신화, 은유 등의 설명은 분량의 한계로 제외했다). 또한 신학적 전통이나 교파의 교리적 선언도 중요한 교회 문화와 정체성을 담는다.

교회 문화를 알아야 하는 이유는?

우리는 신앙생활의 모두를 교회 문화라 말하지 않았을 뿐, 이미 잘 알고 있다. 전혀 새로운 내용도 아니며 교회에서 익숙한 신앙생활 양식이다. 교회 생활을 하면서 겪게 되는 보편적인 경험이다. 하지만 새 신자에게 교회 문화는 교회에 적응하는데 방해되는 첫 관문이다. 새로 부임한 목회자에게도 마찬가지다.

교회학교를 졸업하고 성인 예배에 참석하는 차세대는 익숙한 교회임에도 낯선 환경을 맞이한다. 교회 문화를 알고 소개하는 이유는 그런 낯섦을 친숙함으로 바꾸는 데 있다. 지역사회에 교회를 소개하는 방법으로 교회 문화를 활용할 수 있다.

지역사회에 필요한 일손을 제공할 때 교회 문화를 통해 교회 자원을 파악할 수 있다. 기존 교인들에게 교회 문화를 알게 함으로써 미처 알지 못했던 교회 모습들을 알게 만든다.

새로운 사역을 계획하고 실행할 때 그것의 성패는 교회 문화에 기인한다. 교회 문화는 교회를 제대로 알 수 있는 토대이자 교인들을 움직이는 원동력이며, 그들에게 살아가는 의미를 제공한다. 따라서 교회 문화는 그들만의 신앙이라 불러도 전혀 이상하지 않다.

교회 문화의 예[18]

여의도순복음교회는 병 고침과 개종에 관련된 많은 내러티브가 있다. 그것은 교인들의 집단의식이자 정체성을 반영하며 그들만의 종교문화를 말해 준다. 사회로부터 소외되고 무언가를 박탈당했던 사람들에게 여의도순복음교회는 존재의 새로운 의미를 제공하는 '문화적 공간'(cultural enclave)이었다.

교인들은 종교 지도자와 같은 신비적 체험(同一視)을 통하여 오늘을 살아가는 존재의 당위성을 부여하는 '의미의 망'을 가졌다. 부흥회는 교인이 되는 통과의례였다. 부흥회를 봄과 가을에 개최한 이유는 '잊혀진 세대'(1960년대 이후 경제개발정책으로 농촌에서 도시로 이주했던 사람)에게 파종과 수확이라는 농경 축제를 도시 생활에서의 종교축제로 승화했다는 데 있다.

마을의 안녕, 무병, 풍요를 향한 기원을 담은 농경문화의 축제는 부흥회를 통해 삼중축복으로 전이되었다. '영혼이 잘되고 범사가 잘되고 육체가 강건하게 되는' 삼중축복은 전쟁 이후 생존권이 무너진 현실 속에서 사람들을 사회에 적응시키고 통합시키는 기능으로 전개되었다. 따라서 여의도순복음교회에서의 부흥회와 방언 체험, 삼중축복

---

[18] 자세한 내용은 본인의 박사학위 논문 이성우, 「한국대형교회 문화 흐름에 대한 반공주의 영향 연구」 5장을 참조하라. 국회전자도서관(www.nanet.go.kr/main.do)에서 내려받을 수 있다.

은 교인이 되는 통과의례이기도 하였지만, 세상에서도 삶을 해석하는 상징체계이자 생활양식인 교회 문화를 대변한다.

4장 교회의 과정
– 무엇 때문에 과정을 눈여겨보아야 하는가?

교회의 환경과 문화에 관심을 두고 살펴보았다면, 다음으로 우리는 '과정'(process)을 검토해야 한다. 과정(過程)이란 준비에서부터 결과에 이르기까지 일이 되어가는 경로를 뜻한다. 여기에서 과정을 중요하게 다루는 이유는 일을 계획하고 결정하는 힘과 그것에 관계된 사람들 사이에서 발생하는 역동성이 무엇인지 아는 데 있다.

예를 들어, 주일 점심 메뉴를 결정하는 과정에서 "○ 집사는 매번 카레만 하자고 해." 기획위원회가 끝난 후 불만스러운 대화를 나누는 참가자들이 "○ 장로가 뭔데 결정해!"라는 반응이 나온다고 하자. 우리는 그런 반응에서 분위기나 관계의 역동성 등을 짐작할 수 있다. 따라서 과정을 통해 교회를 움직이는 힘이나 교인들 사이에 내재한 갈등, 그리고 사역의 새로운 가능성 등을 파악할 수 있다.

과정이 뭐지?

*Handbook for Congregational Studies*에서는 과정을 다음과 같이 정의한다.[19]

> 교회학에서 과정은 무슨 일이 일어나는가(what happens)가 아니라 어떻게 그 일이 일어나는가(how it happens) 이다. 과정은 교인의 정체성·가치·헌신을 교인이 참석하고 지지하는 활동들과 연결한다. 과정은 교인의 일반적 생활과 교인의 사기와 분위기에 영향을 끼치는 교회의 근본적인 흐름과 역동성으로 정의된다.

우리는 교회 내에서 목표를 세우고 역할을 분담하고 위기를 관리하고 갈등을 해결하는 과정에서 정체성과 가치를 반영시키며, 예배나 다른 행사들에 참석하고 지지하는 헌신과 더불어 신앙공동체를 위한 규범과 질서를 세워간다. 과정은 누구나 참여할 수 있으며 서로에게 영향을 주고받는다. 그 여파는 잘 드러나기도 하겠지만 전혀 드러나지 않거나 때로는 순식간에 지나간다.

사람이 바뀌어도 역할은 반복된다. 교인은 맡겨진 일을 처리하는

---

[19] Jackson W. Carrol, Carl S. Dudley, William McKinney, *Handbook for Congregational Studies*, (Nashville: Abingdon, 1986), 81.

과정에서 유사한 패턴을 따른다. 맡겨진 역할의 패턴에 따라 각자의 소임을 다한다. 때로는 소임을 수정한다. 과정은 우리에게 일정한 패턴이 어떻게 유지되는지, 때로는 무엇 때문에 변하는지를 알 수 있도록 돕는다. 따라서 과정은 교회를 유지하는 힘이 무엇인지, 교인이 힘들어하는 갈등은 어떻게 생겨났는지, 더 나아가서 새로운 사역을 만들어 낼 수 있는 추진력은 무엇인지를 가늠하도록 돕는다.

우리는 교회에서 여러 사역을 수행하면서 평소와 다르게 "이게 뭐지?" 싶은 분위기를 느낄 때가 있다. 낯섦 혹은 불편함을 느낄 때, 우리는 일어났던 일, "무슨 일들이 있었지?" 하며 경과(과정)를 돌이켜 본다.

예를 들면, 교회 내에서 불필요한 소문이나 험담이 잦아질 때, 예배나 회의 모임의 참여율이 떨어지고 프로그램의 효율성이 떨어질 때, 교인들이 냉소적이고 지쳐 보일 때, 잦은 갈등이 이유도 알지 못한 채 일어날 때, 과정을 분석해야만 알 수 있는 징후다. 그런 불길한 전조(前兆)에 민감히 반응하지 않으면 다음과 같은 일들이 일어날 수 있다.

일할 사람을 찾기 힘들다, 회의 참석률이 일정하지 않다, 과제를 분담해도 교인들이 잊어버린다, 회의를 지루하게 여기고 잘 모이지 않는다, 맡은 임무의 수행이 원활하지 않다, 다른 일들에 대한 교인들의 불평이 심해진다.[20] 그런 일들을 교회 생활에서 쉽게 발견한다면 우리는 과정을 반드시 점검해야 한다.

---

20 『회중연구: 이론과 실제 핸드북』, 106.

사역 현장에서

우리가 과정을 통하여 교회에서 일어난 여러 활동을 점검하면서 우선 주목해야 하는 것은 절차(procedure)이다. 절차(節次)란 일이 진행되는 데 거쳐야 하는 순서나 방법으로, 공식적 절차와 비공식적 절차로 나뉘진다. 전자는 명문화된 규칙에 따라 회의가 진행되고 회의록을 남긴다. 하지만 교회 활동에서 대다수는 비공식적이다.

교사회, 기획위원회, 혹은 선교회 등에서 회의는 절차에 따라 회의록을 남기더라도 참여자의 상호작용이 더 중요하게 작동한다. 많은 경우 교회에서 회의를 끝냈어도 회의 내용에 대한 참여자의 결정은 비공식적 과정으로 이어진다. 공식적인 회의에서 논의된 안건임에도 불구하고 관행적으로 처리되는 예도 있다. 회의록에 있을지라도 암묵적인 합의를 통해 이뤄지는 비공식적 결정은 잘 드러나지 않는다.

공식과 비공식이 충돌하게 될 때 교인은 익숙한 비공식적 관행을 따른다. 교회의 규모에 따라 차이는 있겠지만 교회를 운영하면서, 비공식적 과정은 명문화된 공식적 과정보다 중요하게 작용한다. 물론 비공식적이라고 해서 부정적인 것만은 아니며 위기의 상황에서 도움이 되기도 한다.

비공식적 절차나 관행은 실제로 교회를 움직이는 힘이다. 교인은 어떤 과제를 계획하고 우선순위를 정하고 역할과 권위를 정의하는 절차에서 공개적이며 합리적으로 처리한다고 믿는다. 그런 과정에는 교인의 신앙고백도 포함된다. 과정에서 권위와 리더십의 문제로, 교인이 목사 혹은 평신도 지도자의 권위에 대해 어떤 관계를 맺는지를 파악하는 일이 중요하다.

교인이 지도자에게 의존적인지 아니면 독립적인지, 지도자와 서로 상호의존적인지 또는 서로 협력이 잘되는 관계인지를 파악할 수 있다.[21] 리더십에서도 교인이 수용적인지 혹은 자율적인지, 독단적인지 또는 통합적인지도 중요하게 작동한다.[22] 교회의 권위와 리더십은 예외는 있으나 일반적으로 교회의 크기에 따라 공식적이고 합리적인 과정이 다르게 나타난다.

작은 교회일수록 의사결정에 있어 비공개적일 가능성이 높으며 지도자의 권위와 리더십에 치중된다. 지도자의 권위는 공식적 지위에 근거하고, 교회의 내규와 관습을 따르며, 암묵적인 기대를 수행하는 데 책임을 부여한다.

---

21 *Handbook for Congregational Studies*, 91~92.
22 『회중연구: 이론과 실제 핸드북』, 113.

새 교인의 유입과 지도자를 세우는 과정

　새 교인은 교회에 출석하면서 적응하는 동화의 과정을 거치게 된다. 그 과정은 등록된 교회에서 교인이 되는 학습 기간이자 기존 교인을 모방하거나 교회 문화에 익숙해지는 과정으로 그들에게 헌신을 요구한다. 동화와 헌신은 기존 교인의 저항(텃세)을 거치게 된다. 상황적 차이는 있겠으나 새 교인은 일정 기간을 지나야만 기존 교인으로부터 우리 교인으로 받아들여진다.[23]

　적응하는 동안, 새 교인은 공식적인 모임의 참여도 필요하지만, 기존 교인과의 관계적 친밀감이 더 중요하다. 기존 교인이 새 교인을 우리 교인으로 받아들이는 근거는 신앙심보다는 관계성이 먼저다. 기존 교인은 새 교인이 교회의 전통, 규범과 가치를 수용하는지를 중요하게 여긴다. 만일 새 교인이 교회의 관행이나 관습에 불평하거나 저항한다면 수용의 기간은 길어지며, 새 교인은 소외감을 느끼게 되면서 떠나게 된다.

　그런 과정은 교인의 자격이 무엇인지를 파악하게 되는 기회를 제공한다. 또 다른 예로 기존 교인이 중요 직책(장로 임명)의 자격 여부를 점검할 때, 개인의 신앙보다는 교인 사이의 관계성, 그리고 교회의 전통

23　새교인이 새 교회에 정착하여 기존 교인과 동등하게 여겨지기까지 걸리는 기간으로 교회나 개인마다 다르겠지만 적어도 7년 이상이 필요하다. 교회가 새로운 교인을 받아들이는 수용성과 배타성으로 교회의 과거 경험을 반영한다.

이나 규범과 가치가 더 중요하다.

새로운 목사가 부임한 후, 교인은 일정 기간[24] 동안 새 목사의 리더십에 불편한 심기를 드러내지 않고 받아들인다. 하지만 허니문이 지나면 교인은 새 목사에게 불만을 표한다. 그것은 새 목사가 교회에서 새로운 권위를 세워가는 과정이며, 교회를 실질적으로 움직이는 힘이 누구에게 있는지, 어떤 경로를 통해 힘이 행사되는지를 파악하는 과정이다. 새 목사는 공식적인 절차보다는 비공식적인 절차를 통해 움직이는 교인의 관계성이나 역동성, 그리고 기존의 관습이나 관행을 파악하는 일이 중요하다.

갈등이 생기면

갈등이 신앙을 위험에 빠뜨릴까? 갈등이 교회를 위기로 몰아갈까? 그런 물음을 통해서 기존의 체제를 유지하려는 사람은 새로움 혹은 변화를 위험 요소로 받아들인다. 하나님의 뜻을 따랐던 모든 이들이 기존의 습성과 관행에서 벗어나는 과정에서 갈등을 겪으면서 신앙을 얻었다는 사실을 인정한다면, 우리는 갈등의 긍정적 요소를 발견하면서 신

---

[24] 일반적으로 '허니문'(honeymoon)이라 부른다. 밀월 기간은 교회마다 다르다. 대체로 6~18개월 정도이다. 기간이 짧을수록 교회의 내부적 문제들은 산적해 있다.

앙에 반드시 갈등이 따른다는 사실을 깨닫는다.

리아스(Speed B. Leas)와 파슨스(George Parsons)는 안정의 익숙함과 변화의 새로움 사이에서 일어나는 갈등을 '창조적 긴장'(creative tension)이라 부른다.25 안정에서 변화로 넘어가는 과정에서 갈등은 자연스러운 현상이므로 교회가 그것에 대응하는 관점에 따라 생산적으로 되기도 하고 파괴적으로 되기도 한다.

따라서 갈등은 교회의 문화, 리더십과 권위의 구조, 교인의 내재적인 관계성 등을 파악하는 기회를 제공한다. 짐멜(Georg Simmel)이 갈등의 반대를 무관심이라 했던 것처럼, 교회를 향한 교인의 애정이나 관심을 드러내는 수단인 갈등은 교회를 향한 헌신의 표현이 된다.

갈등은 교인으로부터 지도자로서의 정당성(지도자의 횡령, 비윤리적 행위, 성적 부정행위, 부적절한 의사결정)을 얻지 못하면서 일어난다. 갈등의 원인을 찾으려면 공식적인 절차라는 구조적 문제, 교인 간의 관계적 문제, 힘의 행사에 따른 정치적 문제, 그리고 갈등을 바라보는 전제와 믿음이라는 교회 문화의 문제 등 다차원적 접근이 필요하다.

갈등으로 교회의 목표를 분명히 하고 분위기를 쇄신하고 교인의

---

25 『회중연구: 이론과 실제 핸드북』, 120. 저자는 갈등이 창조적 긴장이 되는 여섯 가지 예를 제시한다. 안정적인 계획과 즉흥적인 시도 사이, 효과적으로 집중된 힘과 넓게 퍼진 권위 사이, 분명하고 명확한 규칙과 임의적인 과정 사이, 체계적인 운영의 지속과 변화를 추구하는 리더십 사이, 집단의 연대감과 개인의 참여 사이, 안정된 연속성과 변화의 창조성 사이.
리아스가 '교회 갈등'(church conflict)에 관한 여러 책을 Alban Institute에서 출판한 다음의 책들을 참조하라. *Understanding Your Congregation As A System*, (1993). *Moving Your Church Through Conflict*, (1986). *Discover Your Conflict Management Style*, (1998 개정판).

의무를 재확인하는 결과를 끌어낸다면 갈등은 생산적이다. 그렇지 않으면 교인 사이에 권력 충돌로 이어질 수 있다. 정당성 상실로 지도자의 권위를 위협하는 사건이 생기면, 교회는 심각한 위기에 빠지게 되며 교인은 치유 받을 수 없는 상처를 입는다. 그럴 때, 많은 교인은 지도자의 부정한 행위에 대한 명백한 증거를 받아들이지 않고(否認) 침묵한다. 오히려 일부 교인은 내부 고발자에게 도저히 상상할 수 없는 적개심을 드러낼 뿐 아니라 교회에서 추방하기도 한다.[26]

교회의 갈등 상황에서 교인은 크게 세 부류(지지자, 중재자, 관망자)로 나뉜다. 교인들은 자기편에게는 호의적인 태도를 보이나 상대편에게는 악의적인 태도를 보이면서 과장과 왜곡을 극대화한다. 편을 가르는 조건은 혈연, 오랜 관계성, 이해관계, 신앙의 입장 등 다양하다. 교인들이 갈등을 해결하는 과정에서 희생을 감내하는 이유는 사회적 위치(계층, 직업, 학력, 성별)를 무시할 수 없으나 교회 안팎에서의 사회적 관계성에 기인한다.

한 예로 교회에 대한 지역사회의 평판을 중요시하는 교인들은 교회를 떠남으로써 갈등에서 벗어나지만, 그렇지 않은 이들은 교회에 남

---

[26] 대체로 교인은 그들이 믿었던 목사의 권위가 훼손되는 이야기를 들으려 하지 않는다. 그러나 깨어진 신뢰로 교인은 점차 목사와 거리 두기를 심화시키며, 그것에 상응하는 행동을 드러내는데, 좋은 예는 목회자의 교체 시기이다. 후임 목사를 결정하는 과정에서 목사를 배제한다. 베커(Penny E. Becker)는 교회에서 발생하는 갈등의 원인을 분류했는데, '리더십과 권위의 문제'가 53%라고 했다. 그 외 '신학과 신앙의 문제'(35%) 그리고 '재정과 시설의 문제'(12%)이다.
자세한 내용은 그의 책 *Congregations in Conflict: Cultural Models of Local Religious Life*, (Cambridge: Cambridge University Press, 1999) 8장을 보라.

아서 권력의 중심으로 옮겨간다. 교회 역사를 돌이켜 보면 갈등은 반복된다는 사실을 알게 된다.

교인이 바뀌지만, 사건이 재발하면 과거의 해결 방식은 반복된다. 갈등을 극복하는 과정에서 건설적인 해결을 위해 전문가의 도움을 받는 일은 좋은 선택이 될 수 있다.[27] 창조적인 결과물로 만드는 과정에서, 상처 입은 교인의 자존심을 회복시켜야 하며, 갈등을 상쇄하는 사역으로 전환이 필수적이며, 반드시 교인의 영적 회복부터 시작되어야 한다.

무엇 때문에 과정을 눈여겨보아야 하는가?

새로운 교인의 유입이나 목회자 혹은 평신도 지도자를 세울 때, 갈등을 극복하면서, 교회의 지도자는 과정을 검토해야 한다. 예를 들면, 지도자는 ○ 집사가 점심 메뉴를 카레로 결정하는 동안 다른 이들의 반응(다른 메뉴가 아니라)이 어떠했는지를 검토해야 하며, ○ 장로가 주장할 때 다른 이들은 무엇 때문에(반대의 내용과 함께 그들의 상호관계성도 포함하여) 반대했는지를 알아야 한다.

---

[27] 전문가의 도움이 교인에게는 문제를 해결하지 않으려는 회피의 기회로 악용되기도 한다. 회피의 다른 사례로 문제 해결보다는 교인을 다른 일에 몰두시킨다.

과정은 명목적인 모습이지만 교회를 움직이는 힘이나 힘의 관계성을 밝히는 기회를 제공한다. 겉으로 보이지 않으나 실질적으로 교회를 움직이는 사람은 누구인지, 반대자뿐 아니라 지지자와 협력자, 방관자도 과정을 점검하며 알 수 있다.

또한 과거 교회를 위기에 빠트렸던 사건은, 교회 역사책의 기록으로만 남지 않는다. 사건과 유사한 상황이 생겨나면 위기는 다시 일어날 수 있다. 지난날 사건이 어떻게 해결되었는지를 알게 되면 앞으로 일어날 수 있는 위기를 대처하는 데 도움이 된다. 과정은 교인을 움직이는 힘을 보이므로 교인의 신앙고백에도 있으며 가치와 세계관도 반영되고 욕망도 숨어 있다.

우리는 과정 점검을 통해 신앙을 가로막는 장애물을 거두기도 하고 신앙을 촉진하기도 한다. 과정은 우리에게 새 교인의 정착을 가로막는 기존 교인의 편안함을 보고, 지도자의 자격에서 실질적인 기준을 파악하며, 새 목사의 목회 스타일이 불편한 이유도 알려준다. 과정은 갈등이 창조적 긴장을 거치면서 교회의 새로운 비전을 향한 플랫폼으로 승선하도록 돕는다.

과정을 이해하게 된다면 우리는 하나님의 신실한 사람이 해야 하는 일들을 세우고, 교회의 참된 모습을 지켜가는 데 있어 복음 이외의 다른 유혹에서 벗어나도록 돕는다. 따라서 과정은 우리에게 교회와 교인을 움직이게 만드는 힘을 파악하고 이해하도록 돕는다. 과정은 교회를 움직이는, 보이지 않는 힘이다.

5장 교회의 자원

– 교회의 자원은 누구를 위해 사용되는가?

자원(資源)이란 무엇을 하고자 할 때 필요한 물질(財貨)과 그것을 사용하는 인간의 행위(用役)다. 교회의 자원은 교회를 유지, 운영하고 선교의 목적을 이루는 데 필요한 재원과 용역이다. 자원은 인적 자원, 물적 자원, 영적 자원, 사회적 평판 등, 유형 자원과 무형 자원으로 구분한다.

전자는 교인, 재정과 자산, 부동산 등이라 한다면, 후자는 교인의 공유된 경험과 충성도, 지역사회의 평판(신뢰)이 된다. 다른 측면에서 교회의 자원을 생각할 때, 우리는 교회 자체를 사회적 자본으로 여길 것인지를 고민해야 한다.

자원은 많고 적음보다는 그것을 어떻게 활용하는지가 더 중요하다. 교회마다 자원의 활용은 다르며, 활용에 따라 교회의 성격이 반영되고, 교회의 전통을 유지하는 수단으로 사용되므로 결국 자원이란 교인의 관심, 정체성, 그리고 가치관을 반영한다.

인적 자원(교인)과 헌신

인적 자원이란 교인이다. 일반적으로 사회경제적 신분을 제시하는 교육 수준, 직업, 수입이나 개인 신상에 관련된 나이, 성별, 결혼 유무 등으로 교인의 인적 자원에 대한 정보를 얻을 수 있다. 그것은 일반적인 정보들을 넘어서 더 많은 것을 알 수 있게 해준다. 교인이 누구인지를 파악하면 그들이 지역사회 안에서 무엇을 하고 있는지, 어떤 역할을 하는지, 누구와 연결되어 있는지, 앞으로는 무엇을 할지도 알 수 있다.

교인이 교회의 가장 중요한 자원이지만 교회와 세상을 향한 사역에 참여하기 전까지는 '잠재적'인 성격을 띠고 있다.[28] 자원을 활용하는 방식이 교회마다 다르므로 잠재적인 상황에서 벗어나 사용되는 능력은 자원의 많고 적음에 따라 제한되지 않는다. 비록 자원이 부족하더라도 사용 능력이 뛰어난 교회가 있을 수 있으며 그렇지 않은 교회도 있을 수 있다. 자원의 활용은 교회의 정체성이나 비전, 그리고 문화와 연결된다.

교회는 인적 자원을 얼마나 헌신적으로 끌어낼 수 있는지에 관심을 가진다. 교인의 헌신은 교인이 되려는 결단에서부터 시작한다. 교인이 되는 유형은 세 가지로 교인으로 태어나는 것과 다른 교회에서 옮겨

---

28 『회중연구: 이론과 실제 핸드북』, 136.

오는 것, 그리고 신앙을 갖게 되면서 등록되는 것이다.[29] 교인이 교회의 일들에 얼마나 자주 참석하며 자신의 물질을 나누는지가 자원의 양을 판단할 수 있는 대표적인 방법이다. 예배의 출석률이 높은 사람은 그렇지 않은 이들보다 헌신적일 확률이 높다. 교회 재정의 기여도 마찬가지이다. 헌신은 교회 성장과 쇠퇴를 좌우하는 핵심적 요소다.

재정과 자산 자원

재정이란 돈의 흐름이다. 수입과 지출로 나뉘는 재정은 교회의 건전성을 엿볼 수 있는 지표다. 수입 항목[30]은 십일조, 감사헌금, 주일헌금, 목적헌금 등으로 분류되며, 지출 항목은 인건비, 운영비, 선교비 등으로 분류된다.

전자에서 교인의 헌신과 충성도를 볼 수 있다면 후자에서는 교회의 활동을 파악할 수 있다. 특히 지출을 어떻게 분류하느냐(유형 또는 목적)에 따라 교회의 관심이 무엇인지를 알 수 있다. 지출 항목에서 선교비나 교육비 혹은 특정 사역 활동의 비율은 교회가 어디에 목적을 두고 있는지를 엿볼 수 있다. 전체 지출에서 교회의 운영비나 인건비의 비율

---

29 반대의 경우는 사망, 교회 이동, 교회 탈퇴다. 『회중연: 이론과 실제 핸드북』, 139.
30 "80-20 법칙"이 있다. 교인 20%가 수입 80%를 감당한다는 뜻이다. 이것은 재정 갈등의 원인이 된다. 『회중연구: 이론과 실제 핸드북』, 147.

이 높다면 교회가 어려움을 겪고 있다고 짐작할 수 있다.

수입의 감소는 교회의 장래를 어둡게 한다. 최근 도시교회, 농촌교회를 막론하고 많은 교회는 수입이 감소하고 있다. 원인은 다양하겠으나 가장 눈에 띄는 이유는 교회에 대한 충성도가 높은 교인의 고령화와 핵심생산인구(25~49세)의 비교인화다.

정확한 통계는 없으나 교인의 평균연령은 한국인의 평균연령 42세(2019년)보다 상당히 높으리라 예상된다. 대체로 시골교회와 100년 언저리 역사를 가진 교회는 그렇지 않은 교회보다 교인의 평균연령이 더 높으리라 짐작된다. 교인의 연령층이 높아진 데 따른 문제 중 하나는 그들의 충성도가 감소했다는 데 있다.[31] 지난 5년간 헌금액과 헌금 항목에 따른 액수의 증감을 통해 교회의 미래를 예측할 수 있다.

대형 교회일수록 교회 유지비(인건비 포함) 조달의 한계로 위기를 겪으리라 예상되며, 작은 교회는 존폐를 고민해야만 한다.[32] 교회는 재정에 위험한 징후들[33]을 통해 현재와 미래를 점검할 수 있다. 교회가 그런 상황에 직면했을 때, 교회는 당연히 재정을 긴축해야만 하겠으나, 교

---

31 교인의 충성도 감소에는 여러 이유가 있다. 재정 감소와의 관계에서, 퇴직 이후 노후 준비로 경제적 불안감을 겪을 때 그들은 헌금을 줄인다.
32 앞으로 10년 동안 한국교회는 여러 변화를 겪을 텐데, 가장 두드러진 변화는 교회 수의 감소다. 100~300명 모이는 교회는 다른 규모의 교회보다 감소의 비율이 높으리라 짐작된다.
33 위의 책에서 '위험한 징후들'을 나열한다. 미국교회의 사례이지만 한국교회에서도 타당하다. 다음의 예들을 통해 여러분이 속한 교회를 평가해 보라. 목적헌금을 일반회계로 전용, 재정 수입 감소, 필수적인 유지비용 지출을 늦춤으로 예산 균형 유지, 교회 비용을 감당하려고 선교 지출 삭감, 좋은 성과에도 불구하고 물가 상승 비율만큼 직원 임금을 인상하는 재정 상태. 『회중연구: 이론과 실제 핸드북』, 145.

회의 목적이나 정체성을 간과하지 말아야 한다.

교회는 무엇을 위해 존재해야 하는가? 교회는 교인과 지역 주민을 위해 무엇을 하고 있는가? 교회의 시설이나 사역의 프로그램은 잘 진행되는가? 위기 속에서 그런 질문들은 교회의 자리매김을 더 명확히 한다. 교회 정체성의 선명도가 떨어질 때, 교회는 재정의 위기보다 더 큰 시련을 맞이하게 된다. 위기는 교회의 정체성을 강화하게 하는 기회다.

교회의 가장 큰 자산은 건물이다. 부동산과 그 외에 교회가 소유하고 있는 여러 장비와 자동차, 가구들까지 고려하면 자산의 크기는 교회마다 다르다. 재정 자원을 포함한 동산 자산도 재산에 포함된다. 자산과 부채 비율의 평가도 매우 중요하다. 부채의 비율이 높을수록 교회가 겪을 위기는 현재와 미래를 반영한다.[34]

건축헌금과 같은 목적헌금[35]의 일반회계 전용(轉用)에서 교회가 겪는 어려움을 엿볼 수 있다. 한국교회의 재정 투명도가 높아진다면 교인의 기부금은 교회의 재정 안정도에 이바지한다. 기부금의 관리와 운용에 관한 기준은 개체교회보다는 공신력이 있는 기관에서 맡는 것이 더 좋을 듯하다.

---

34 많은 교회는 건축으로 부채를 안고 있다. 교회 건물이 경매로 넘어가는 사례에서 보듯이 부채는 교회의 장래를 어둡게 만든다. 따라서 한 국가나 시대에서 '교회 건물이 화려해지면 상대적으로 교회는 위기를 맞이하게 된다'라고 말해도 틀리지 않을 듯하다.

35 헌금은 일반 예산에 포함할 것인지는 교회의 사정에 따라 다르겠으나, 기부금으로 보아야 한다. 기부금이란 투자 성격을 띤 자산이다. 기금의 원금은 일반회계에서 사용될 수 없으며, 원금의 이자를 일반회계로 전용하거나 재투자한다.

무형 자원

지금까지는 교회의 자원을 가시적 형태(동산과 부동산)로 설명했다면, 이제는 비가시적 형태로 교회나 교인의 활동이 어떻게 자원이 되는지를 설명하려 한다. 교회 건물은 교인들에게 중요한 공간이다. 예배처소인 교회 건물은 종교적 기관의 역할만이 아닌 결혼식이나 장례식 같은 생애주기에 관련한 경조사에도 쓰이고 있다. 교회 건물의 일부를 유치원 혹은 연주회 장소 같은 사회적 기관처럼 활용한다.

상징적 의미의 장으로서 교회 건물은 세대와 세대를 이어준다. 조부모나 부모가 다녔던 교회는 가족사와 연결된다. 교회 건물의 증축이나 개축은 동시대를 살았던 교인의 신앙적 삶을 엿볼 수 있다. 새로운 조형물을 첨가하거나 제거하는 것으로 참여했던 교인의 신앙을 반영한다. 그런 사례들은 건물과 교인의 삶이 분리되지 않다는 사실을 말해준다.

교회 건물에는 교인의 감정이 깃들어 있다. "제단의 불을 끄지 말라"(레 6:12)는 성경 구절은 실제 예배당 안 십자가를 비추는 전등으로 대체된다. 교인은 전등이 꺼졌다는 것을 교회의 위기로 받아들일 수 있다. 건물의 특정 공간을 다른 용도로 사용하려고 변경하거나 보수공사를 할 때, 그곳을 좋아했던 교인은 상실감을 느낀다.

예배당에 있는 조형물 혹은 가구나 의자 등이 특정 교인의 삶과 연결되어 있다면, 그것을 바꾸거나 없애려고 할 때 그들은 교회 지도자와 갈등을 일으킨다. 그것들은 우리의 눈에 보이는 것을 넘어 교인의 삶에 관계된 의미의 망으로 연결되어 있다. 그것들이 사라지게 될 때, 교인은 의미도(그리고 기억도) 함께 사라진다고 여기므로, 지도자는 교인들에게 이유를 잘 설명해야 하며 그들이 이해하고 받아들이는 애도의 시간을 가져야 한다.

교회(교인)의 영적 자원

교인은 교회가 건물을 소유하고 있다고 여긴다. 좋은 예는 아니지만, 지역사회와 교회의 관계를 생각해 볼 수 있게 하는 인상적인 사례를 소개하고자 한다.

서울 ○○구 ○○동에 가면 ○○시장이 있다. ○○시장은 재래시장의 특성화나 활성화가 되지 않은 낙후된 시장이다. ○○로와 ○○로 사이에 있는데 정확히는 알 수 없지만, 눈가늠으로 시장과 지역 상권의 규모는 가로세로 200m 정도라 여겨진다. 시장을 포함하여 둘레에 있는 건물들에는 30여 개의 점집이 있다.

시장 주위에는 500명 이상이 모이는 교회는 없어 보인다. 두 도로를 넘어 반경 1㎞ 안에는 50년 넘는 역사를 가지고 500명 이상인 교회는 세 개 있으나 지역과 문화적 차이를 반영한다면, 그 교회들은 ○

○시장에 속한 사람들과 다른 계층의 교인이 다수라 짐작된다. 따라서 큰 교회가 없는 지역에는 점집이 많다고 말한다면 글쓴이의 억측일까?

그런 생각이 억측이라 말해도 반론하지 않는다. 50년 500명이라는 기준은 교인의 사회적 관계망을 반영한다. 그 정도의 교회가 되기까지는 많은 시간이 필요하므로, 교회는 이미 지역사회에 뿌리내려져 있으며, 교인은 지역사회에 필요한 직업군을 가진 사람들로 모여 있다. 그런 영향으로 인하여 점집은 지역사회에 뿌리내리기 어렵다는 것이 글쓴이의 생각이다.

○○시장은 반대의 경우다. 그런 주장을 통해 교회의 사회적 자본은 영적 자원을 말하려 한다. 교회가 한 세대를 거쳐 두 세대 정도 지나면 어느덧 교회는 지역사회에서 주요한 사회적 자원이 된다. 교회의 건물은 지역을 나타내고 대표하는 건물이 된다. 그것은 주민의 생활 속에서 나타난다. 교회의 교인이 아니더라도 주민들은 교회 건물이라는 가시적 형태로만 여기지 않고 그 이상의 의미로 받아들인다.

교회 건물은 상징적으로 지역사회와 교회를 연결해 준다. 좀 더 신앙적으로 표현하자면 교회는 지역사회의 영적 보루(堡壘)이다. 교회는 주민의 생활면에서나 영적인 차원에서 위로와 돌봄을 제공하며 신뢰를 가져다주는 기능을 한다.

교인이 아니더라도 삶의 위기를 겪을 때 교회에 가보고 싶은 마음을 가진 사람은 지역에 교회가 있다는 현실만으로도 위안을 얻거나 힘을 얻을 수 있다. 따라서 교회 건물은 그들의 삶에서 힐링 바이러스가 된다. 교회 건물은 종교적 기능만이 아닌 사회적 관계망을 제공하는 영적 자원이 된다.

교회는 사회적 자본인가?

신뢰는 사람이 살아가는데 가장 기본이 되는 사회적 관계를 반영한다. 신뢰가 있으면 사람은 서로 협력할 수 있으나, 신뢰가 없으면 감시와 통제만 있다. 신뢰는 많은 사람 간에 오랜 시간을 두고 쌓인다. 신뢰가 없는 공동체에서는 신뢰를 구축하기 위해 많은 시간과 에너지를 투자해야 한다. 신뢰를 적용하는 범위에 교회도 포함된다.

사회에서 사람과 사람을 이어주는 공동체는 많으나 개인적인 이익이나 관심의 추구에서 벗어나기는 힘들다. 관심의 충족이나 만족이 부족하다면 관계는 소멸한다. 교회는 개개인의 신앙이라는 목적으로 모인 공동체다. 교회는 다른 공동체들과는 달리 교인만 아니라 외부의 사람들에게도 '신뢰'를 강조하는 공동체다. 교인은 같은 직업군도 아니고 교육 수준도 다르며, 여러 세대가 함께 모이지만 관심사도 다르다.

사회 내에서 다양한 사람들이 함께 모일 수 있는 공동체는 교회뿐이다. 다수의 교인이 지역 주민이므로 교회는 여러 활동 영역에서 지역사회와 직간접적으로 연관되어 있다. 교회는 섬이 아니다. 교회는 개인의 신앙이 목적이기에 모인 공동체임에도 불구하고 지역사회와 유기적 관계를 형성하는 공동체다.

교회는 지역에서 한 세대를 거치는 동안 지역사회와 신뢰를 구축한다. 교인이 아니더라도 주민들은 교회의 평판을 중요하게 여긴다. 따라서 지역사회로부터 얻은 교회의 신뢰는 교인과 지역 주민들을 위한 사회적 자본이 된다. 주민들이 교회를 어떻게 평가하느냐에 따라 교회의 현재와 미래가 달려있다고 해도 틀린 말은 아니다.

교회는 섬이 아니다

최근 많은 교회는 재정 감소의 위기를 맞고 있다. 교인의 고령화와 핵심생산인구의 비교인화로 인한 귀결이다. 어려울수록 움츠리는 모습은 사람이나 교회나 다르지 않다. 위축된 교회 현실을 위기로 볼 것인지, 새로운 도약의 발판으로 삼을지는 교회의 비전에 연결된다.

교회의 사회적 기능을 확대하는 방안은 도약의 예가 된다. 그런 차원에서 교회의 자원을 어떻게 활용할 것인지가 위기를 겪는 교회의 당면 과제다. 교회의 자원에는 눈에 보이는 유형 자원뿐만이 아닌 지역 주민의 평판(신뢰)까지 포함해야 한다. 건물은 유형 자산으로 교회의 소유이겠지만, 상징적으로 교회 건물은 지역사회의 영적 자원으로 평가된다. 교회 자원의 활용을 지역사회와의 관계로 확장해야 한다.

자원을 사용할 때, 교회 지도자는 교회의 존재나 당위성이 무엇인지 늘 고민해야 한다. 지역사회를 떠난 교회는 섬이 된다. 담장이 높은 건물에는 사람의 왕래가 어려워진다. 교회 건물이 화려해질수록 하나님보다는 건물을 숭배한다. 교회의 자원을 사용하면서 우리의 질문은 다음과 같다. 교회의 자원은 누구의 소유이며 누구를 위해 사용되어야 하는가? 교회의 주인이 하나님이라는 말의 참된 뜻은 무엇인가?

6장 교회의 리더십
- 누구를 위한 리더십인가?

미국 웨슬리 신학교에서 리더십을 가르쳤던 웜스(Lovett H. Weems)는 목회자의 리더십을 "개인의 권위나 리더의 스타일 또는 경영과정이 아니라, 신앙 전통과 공동체의 신앙적 미래에 관계한다. 리더십은 하나님의 백성으로 부름을 받은 이들이 신앙적 단계들을 잘 선택해 갈 수 있도록 도와주는 은혜의 통로가 되어야 한다"[36]고 말한다.

우리는 그의 주장에 공감하지만, 왠지 낯섦을 감출 수 없다. 무엇 때문일까? 일반적으로 우리는 리더십을 개인의 능력과 성과에 따른 성공과 실패라는 결과적 이해라 여긴다. 리더십과 권위를 동일시한다.

오늘날 교회가 직면한 위기에 대응하기 위한 도전들에 무기력하고 무능력해 보이는 교회의 리더십에 웜스의 주장이 낯설어 보일 뿐이

---

36 Lovett, H. Weems Jr. Church Leadership: Vision, Team, Culture, and Integrity. (Nashville, TN: Abingdon Press, 2010), 10.

다. 그렇다면 교회학에서 리더십을 어떻게 정의하는가? 더불어 교회의 리더십은 여전히 목회자의 리더십만을 뜻하며, 평신도의 리더십은 교회 안에서 여전히 설 자리가 좁아 보이는 현실을 인정해야 한다.

교회 리더의 권위와 리더십

베버(Max Weber)는 권위를 '전통과 합리적-법적, 카리스마'로 구분한다. 그는 권위를 사람들로부터 정당한 설득력을 얻으며 그들의 복종으로부터 얻는 힘으로 여겼다. 그것은 위계 서열에 근거한 지배와 종속구조에서 만들어진 권위주의(authoritarianism)가 아니다.

종교적 차원에서 전통적 권위는 신약성서에 드러난 사도에서 비롯된다. 오랜 역사를 통해 만들어진 규범과 관례에 따른 관행도 근거가 된다. 합리적-법적 권위는 학력과 안수를 받았다는 점에서, 그리고 담임목사라는 재직에 근거한다.

카리스마 권위는 전통과 합리적-법적 권위와는 다르다. 일상적이고 세속적인 의미가 아닌 초월적이고 예외적인 힘으로 여겨지는 신적인 기원에 근거한 능력을 뜻한다. 따라서 교회 안에서 목회자는 세상에서 하나님의 구속적 통치를 이루는 과정에서 세 가지 권위를 부여받은 자이다.

리더십은 권위와는 다르다. 일반적으로 리더십을 사회적 상황 속에서 구성원이 조직의 목표와 목적을 성취케 하는 리더의 영향력이라 한다면, 목회자의 리더십은 교회공동체와 지역사회 안에서 하나님의 비전을 실현해 가는 구체적인 활동이라 할 수 있다.

교회학에서 리더십은 교회 안에서 리더의 개인적 능력이나 성품, 개인의 역할이나 스타일에 초점을 맞추지 않는다. 오히려 리더십을 교회 안에서 교인의 활동(活動)으로 본다. 교인이 교회가 처한 상황과 환경에 대한 현실적 이해를 돕는 행위, 하나님의 구속적 통치에 합당한 공동체 생활을 위한 비전 개발과 실현, 그리고 당면한 문제를 해결하고 비전을 방해하거나 회피하는 문제들을 해결하는 방안을 제시하는 일련의 활동을 리더십이라 정의한다.[37] 현실 이해, 비전 개발과 실현, 장애물 제거라는 과제들을 실행하는 과정에서, 리더의 역할은 교회의 기존 전통이나 규모에 따라 다르며, 역할도 다양하다.

휠러(Barbara Wheeler)는 그런 리더십을 '자발적'(voluntary) 혹은 '개방적'(open) 시스템이라 부른다.[38] 교회가 처한 상황에서, 개방적 혹은 자발적 리더십은 교인이 상황에 적응하는 수용력을 통해 스스로 삶을 형성하도록 돕는다. 그것은 교회가 믿어왔던 '믿음 체계'나 교회에 영향을 끼쳤던 '상징' 또는 '정체성'이 변화된 현실에서 정당성을 잃어버리지 않도록 만들어 가는 힘이다. 그런 경우 리더는 문제를 해결하는 레인메이커(rainmaker)[39]가 아니라 교인이 사용할 수 있는 대안을 제공하

---

37 『회중연구: 이론과 실제 핸드북』, 170.
38 『회중연구: 이론과 실제 핸드북』, 169.
39 목회자가 레인메이커가 될 때, 위기를 극복하면 영웅이 되나 그렇지 않을 때 모든 책임

거나 방향을 제시하는 사람이다.

교회 안에서 권위와 리더십이 혼돈되는 상황에서는 비공식적인 권위가 중요하게 작용한다. 위의 세 가지 권위(전통과 합리적, 법적, 카리스마)를 공식적 권위라 한다면, 비공식적 권위는 개인의 능력에 근거하며 특정한 상황에서 생겨난다. 목회자는 세 가지 권위로 리더의 자격을 얻으며, 평신도는 선거를 통해 권위와 리더의 자격을 얻는다. 평신도가 공식적 권위를 얻는 과정에서 개인의 자질이나 능력은 다른 교인들로부터 신뢰를 얻는 데 중요하게 작용한다.

공식적 권위는 없으나 교인들에게 영향을 끼칠 수 있는 비공식적 권위를 가진 교인이 리더에게 도전하는 상황이 발생했을 때,[40] 비공식적 권위는 교인들에게 공식적 권위보다 더 큰 영향을 미친다. 결국, 리더의 권위는 위기를 맞이할 뿐 아니라 리더십에도 심각한 도전을 받으며, 목회자 또는 평신도 리더의 자격은 교회 안에서 근거를 잃게 된다.

권위와 리더십에 위기를 제공하는 상황은 교회의 변화를 일으키는 긍정적인 계기가 된다. 공식적인 권위를 가진 리더로 교회가 위기에

을 떠맡은 희생양이 된다. 목회자와 교인 사이 맹목적이고 깊은 애착 관계로 인하여, 교인은 목회자를 뭐든 할 수 있는 사람(rainmaker)으로, 목회자는 교인을 뭐든 주어야만 하는 보상의 대상으로 간주한다. 상대의 기대를 만족시켜야 한다는 관계는 살얼음 위를 걷는 모습과 비슷하다. 새로운 시도나 변화가 서로의 관계를 단절시키는 행위로 여겨질 때, 상대에게 배신감을 느끼게 된다. Peter L. Steinke, *Healthy congregations: A Systems Approach*, (Herndon, VA: Alban, 1996)을 참고하라.
[40] 리더의 부정한 행동이 생겼을 때, 리더의 무능력이 드러났을 때, 재정이 줄고 교인의 감소가 계속될 때, 교회의 비전이나 정체성이 도전받았을 때 등 다양하다.

서 벗어날 수 없다면, 교회는 비공식적 권위를 가진 능력 있는 리더가 필요하다.

교인의 교회 현실 이해

교회가 처한 현실을 교인이 알도록 돕는 첫 번째 리더십은 교회의 현재와 미래의 가능성과 연결된다. 교회학에서 가장 중요한 작업은 교회가 처한 현실을 제대로 아는 데 있다. 이를 위해서 '환경·문화·과정·자원'이라는 네 가지 프레임이 필요하다.

많은 교회는 가장 기초적인 작업에 실패한다. 교회가 처한 현실을 제대로 알지 못하면서 좌절에서 갈등으로, 심하면 교회의 분열로까지 이어진다. 현실을 파악하지 못하는 이유는 교인이 과거(익숙함)에 사로잡혀 있어 관행이나 관습, 혹은 리더의 과욕으로 교회를 운영하기 때문이다.

과거 교회학교가 활발했던 교회는 현재 청소년이 없는 현실에서 교회학교를 축소하거나 변화를 시도해야 한다. 중고등부와 청년부를 위해 새로운 시설을 확충하고자 할 때 기성 교인이 느끼는 위화감으로 인해 가로막히기도 한다. 출석 인원이 백 명 정도인 교회에서 대형 교회의 예배 형태를 모방하려는 시도는 교인에게 저항을 불러일으킨다.

우리는 익숙한 관행이나 관습이 사람의 사고방식과 행동 방식에 많은 영향을 끼친다는 사실을 알고 있다. 좀 더 확대하면 세대의 특징으로 분류할 수 있다. 권위에 순종하는 세대, 저항하는 세대, 그리고 무시하는 세대로 나눌 수 있다.

과거로부터 현재로 이어지는 연속성을 공감하는 사람을 리더로 원하는 세대, 자신의 목적과 비전에 일치하는 사람을 리더로 인정하는 세대, 그리고 과정에 함께 참여하는 사람을 리더로 받아들이는 세대로 나눌 수 있다.[41] 세대마다 차이는 교회 안에 있으나, 교회 저변에 깔린 독특한 성향도 있다. 그것을 '정신적 모델'(mental model)이라 부른다.[42]

정신적 모델은 교인이 선택하고 결단하는 방법이다. 그것은 사물의 존재 방식에 대한 인식을 뜻한다. 교회학에서 교회 내에 존재하는 정신적 모델을 파악하는 것은 중요하다. 그것을 조사하는 방법으로 '필요 평가'(Needs Assessment)를 행한다.[43]

필요 평가란 교회의 사역과 교인의 신앙을 위해 필요한 것들을 찾는 작업으로, 설문, 집단 인터뷰, 그리고 인구조사 자료들이 포함된다. 그것은 교회의 사명을 분명히 하는 사역을 찾아내면서 관행처럼 행하는 여러 사역이나 활동을 점검한다.

필요 평가를 하는 이유는 하나님의 사명과 교회의 사역을 만드는 데 있다. 교회의 사역이 변화된 상황에서 타당성을 얻지 못하게 될 때, 우리는 원인을 찾으려 한다. 좋은 예는 "교회에 다니지 않는 해리와 메

---

41 George Barna & Mark Hatch, (권지영 역), 『교회 폭발』(Boiling Point) (쉐키나, 2010), 97~113.
42 『회중연구: 이론과 실제 핸드북』, 174.
43 『회중연구: 이론과 실제 핸드북』, 175.

리"(the unchurched Harry and Mary)를 위한 '구도자 사역'을 만든 윌로우크릭 교회다. 작은 교회에서 그런 대안을 찾기란 매우 힘든 일이다.

윌로우크릭 교회의 대안은 교회의 리더가 아닌 전문가 집단이 만들었다. 우리는 좋은 대안인지 아닌지를 평가하는 것보다 복음을 전하는 사역을 위해 대안이 필요하다는 사명감을 가져야 한다. 그렇기에 우리는 교회가 처한 현실을 이해하는 과정에서 사용된 정보가 타당한지를 꼼꼼히 따져보아야 한다.

우리가 바라보는 프레임으로 얻을 수 있는 것과 그렇지 않은 것은 무엇인지 비교해야 한다. 그것은 우리의 관점이 갖는 한계를 인정하면서 여러 관점으로 교회 현실을 바로 볼 기회를 제공한다. 끝으로 교회의 현실에 근거한 가상의 시나리오를 만들어 보는 것은 좋은 선택이다. 시나리오는 당면한 교회의 문제를 극복하면서 미래를 향한 최선의 사역을 만들 수 있는 대안이 될 수 있다.

하나님 나라를 향한 비전 개발

리더십의 두 번째는 하나님 나라를 실현하는 비전을 개발하는 과제다. 하나님 나라의 실현은 교인과 교회의 사명이며, 사명을 단기간에 실행하는 것이 교회의 비전이다. 많은 교회에서 사명과 비전선언문은 교인이 쉽게 볼 수 있는 곳에 붙어 있다. 교인은 그것을 볼 때마다 소명

의식을 고취한다.

　선언문은 그리스도인으로 살아가는 의미를 찾아가는 신앙의 태도가 무엇인지에 관한 내용을 담고 있으며 교회의 활동에 헌신하는 동기를 준다. 하지만 선언문이 교인의 삶과 괴리되거나 피상적인 내용을 담은 예도 있다. 그럴 때, 선언문이 교인의 활동으로 승화되지 못하고, 이루기 힘든 비전의 내용으로 인해 교인이 자신감을 상실하게 만든다. 비전은 구체적인 목표를 성취하는 작은 활동으로부터 시작해야 한다.

　교인이 비전에 헌신할 수 있는 동기부여를 주는 선언문은 교회의 진열품이 아니라, 교회의 정체성이 반영되어 교인의 신앙을 강화하는 '의미의 망'이다. 따라서 좋은 비전선언문에는 교회의 종교적 유산이 담겨야 하고 미래 지향적이며 공유된 이미지로 표현되어야 한다.[44] 더불어 교인의 삶이 반영된 구체적 내용으로 표현되어야 하고, 비전을 세우는 과정에서 일부 교인이 배제되지 않도록 포괄적인 내용을 담아야 한다.

　비전을 세우는 과정에서 많은 교인의 동의를 끌어내기란 쉬운 일이 아니다. 여러 사역을 향한 관심들로 인해 교인들에게 갈등이 일어나게 될 때, 교회는 어려움을 겪는다. 사역의 우선순위를 선정하는 과정에서, 리더는 내부의 저항을 경험한다. 교회마다 처한 상황이 다르나 효과적으로 극복하는 절차는 어느 교회나 필요하다. 비전을 향한 아이디어는 리더로부터 시작되지만, 아이디어를 교회의 비전으로 만드는

---

[44] 『회중연구: 이론과 실제 핸드북』, 183~184.

과제는 리더와 교인의 공통 과제다.

리더는 교인이 비전을 향한 관심을 가질 수 있도록 동기부여를 제공해야 한다. 교회에서 분위기가 어느 정도 조성되면 비전을 만드는 준비팀을 구성해야 한다. 팀(의 구성)은 특정 소수가 아닌 여러 목소리가 담겨있는 인원으로 조직되어야 한다. 팀은 '필요 평가'를 통하여 교회가 이룰 수 있는 비전의 시나리오들을 만들어 교인들에게 제시할 수 있다.

비전을 실천하는 사람이 교인이라는 사실을 리더는 잊어서는 안된다. 비전의 초안들을 주보, 광고판, 설명회, 세미나 등으로 많은 교인이 충분히 숙지하는 기간은 중요하다. 비전을 선정하고 실행하는 과정에서 초안의 광고는 교회에서 생길 수 있는 불필요한 잡음이나 갈등을 해소할 뿐 아니라, 교인이 비전을 공유하며 내면화하는 과정이기도 하다.

비전의 실현

둘 또는 셋, 넷의 비전선언문을 만드는 과정은 모세가 파라오에게 이스라엘 백성을 보내달라는 성경 이야기로 비유할 수 있다. 비전을 실행하는 과정은 광야의 삶이다. 그것은 비전을 만들고 실행하는 과정이 얼마나 힘든 것인가 하는 은유다. 비전을 다르게 표현하면, 신앙적 가치다. 신앙적 가치란 우리의 행동에 영향을 주는 힘이 신앙에 근거한다는 뜻이다.

교회의 비전선언문은 교회의 정체성을 반영하며, 미래의 방향을 제시하므로, 교인의 생활에 지대한 영향을 끼친다. 그러므로 비전은 교인의 삶을 통해 드러낼 수 있는 실행 가능한 항목들로 제시되어야 한다.

비전은 교인의 눈으로 이해되어야만 한다. 너무 고상한 표현이나 어려운 신학적 단어로 표현하기보다는 이해하기 쉽고 단순해야 한다. 비전은 가까운 미래에 달성할 수 있는 목표이어야 한다.

교회 사정마다 다르겠으나 비전은 적어도 2~3년 정도의 기간 내에 이루어질 수 있어야 한다. 비전을 실현하는 기간이 길어진다면, 교인은 그것을 향한 헌신과 열정이 떨어지며 성취하겠다는 의지도 점차 사라진다.

교회의 리더는 설교, 주보나 소식지, 수련회 등 여러 방법을 통해 정기적으로 비전을 교인에게 제시해야 한다. 선언문이 주보에 실렸다고, 또는 벽에 붙어 있다고 교인이 잘 알고 있다고 생각해서는 안 된다. 눈에 익숙한 것은 보이지 않을 수 있다.

비전의 실천 방법을 다양하게 개발해야 한다. 더불어 달성된 비전을 교인에게 소개하는 기회도 마련해야 한다. 그것을 예배 시간에 소개하는 것만으로는 부족하다. 소개를 통해 참여하지 않은 교인에게 동기 부여의 기회로 삼아야 한다.

비전이 교인의 삶에 많은 변화를 요구한다면, 교인은 당연히 저항하게 되고 비록 동조하더라도 더디게 반응하므로 점진적으로 단계별 변화[45]가 필요하다. 비전을 실행하는 과정에서 리더는 경직된 태도보다는 유연함을 가져야 하고, 진행 상황에 따른 작은 조정도 염두에 두어야 한다.

교회학은 리더십이 교회의 현실을 파악하고 하나님 나라의 구속적 통치를 이뤄가는 비전을 개발하고 실현하는 과정임을 뜻한다. 리더는 리더십을 교회만의 일로 좁게 생각해서는 안 되며, 리더의 능력을 증명하는 일로 여겨서도 안 된다. 교회의 리더십은 교인에게 살아가는 삶의 의미를 제공해야 한다.

교인은 비전을 세우고 실현하는 과정에서 하나님을 체험하며 더 깊은 신앙 여정으로 들어선다. 비전의 실현을 통해 교인은 신실한 하나님의 자녀라는 자신의 정체성을 품는다. 교회의 리더십은 교인과 교회를 위해 헌신하는 리더에게 주어진 신앙의 몫이다.

---

[45] 변화가 때로는 뒤로 간다는 점을 주목해야 한다. 여기에서는 변화 대신 '전환'(transition)을 함축한다.

참고도서

Ammerman Nancy T., Jackson W. Carroll, Carl S. Dudley, William McKinney, 1998, *Studying Congregations: A New Handbook*『회중연구: 이론과 실제 핸드북』, 김계오, (Nashville, TN: Abingdon Press). 절판되었다.

Becker, Penny B., 1999, *Congregations in Conflict: Cultural Models of Local Religious Life*, (Cambridge: Cambridge University Press).

Carroll, Jackson C., Carl S. Dudley, William McKinney. 1986, *Handbook for Congregational Studies*, (Nashville, TN: Abingdon Press).

Galindo, Israel, 2004, *The Hidden Lives of Congregation: Discerning Church Dynamics*, (Herndon, Va: Alban Institute).

Hopewell James F., 1987, *Congregation: Stories and Structures* (Philadelphia: Fortress Press).

Leas, Speed B., 1993, *Understanding Your Congregation As A System, 1986, Moving Your Church Through Conflict, 1998, Discover Your Conflict Management Style*, (Herndon, Va: Alban Institute).

Steinke, Peter L., 1996, *Healthy congregations: A Systems Approach*, (Herndon, VA: Alban).

Weem, Lovett H. Jr., 2010, *Church Leadership: Vision, Team, Culture, and Integrity*. (Nashville, TN: Abingdon Press).

Roger Haight and James Nieman, "On The Dynamic Relation Between Ecclesiology and Congregational Studies," *Theological Studies* 70, 2009: 577~99.

고프만(Erving Goffman), 2018, 『수용소: 정신병 환자와 그 외 재소자들의 사회적 상황에 대한 에세이』(*Asylums: Essays on the Social Situation of Mental Patients and Other Inmates*), 심보선, 문학과지성사.

기어츠(Clifford Geertz), 1998, 『문화의 해석』(*The Interpretation of Cultures*) 문옥표, 까치.

바나(George Barna & Mark Hatch), 2010, 『교회 폭발』(*Boiling Point*), 권지영, 쉐키나.

넬슨(Ellis C. Nelson), 1995, 『회중들: 형성하고 변형케 하는 회중의 능력』(*Congregation: Their Power to Form and Transform*), 김득렬, 장로교총회교육부.

루만(Niklas Luhmann), 2007, 『사회체계이론 I』(*Soziale Systeme: Grundriss einer allgemeinen Theorie*), 박여성, 한길사.

알렉산더(Jeffrey C. Alexander), 2007, 『사회적 삶의 의미: 문화사회학』(*The Meaning of Social Life: A Cultural Sociology*), 박선웅, 한울.

콜린스(Randall Collins), 2009, 『사회적 삶의 에너지: 상호작용 의례의 사슬』(*Interaction Ritual Chains*), 진수미, 한울.

터너(Victor Turner), 2005, 『의례의 과정』(*The Ritual Process: Structure and Anti-Structure*), 박근원, 한국심리치료연구소.

홉스테드(Geert Hofstede, Gert Jan Hofstede, & Michael Minkov), 2014, 『세계의 문화와 조직』(*Cultures and Organizations 3rd ed.*), 차재호·나은영, 학지사.

이찬석, 2014, 『감리교는 무엇을 믿는가?: 감리회 신앙고백 해설』, 도서출판 kmc.

이성우, 2023, 「2023년 감리교인 설문조사」 출판되지 않은 자료집.

이성우, 2022, 『교회를 세우는 신앙을 찾아서』, 샘솟는기쁨.

이성우, 2017, "한국대형교회 문화 흐름에 대한 반공주의 영향 연구", 감리교신학대학, 박사학위 논문.

교회야! 라이너스랑 놀자

지은이 이성우

펴낸이 최병천

펴낸날 2025년 3월 15일(초판1쇄)

펴낸곳 신앙과지성사
　　　출판등록 제9-136 (88. 1. 13)
　　　주소 | 서울시 서대문구 연희로 177 옥산빌딩 2층 201호 335-6579・(F) 323-9866
　　　E-mail | miral87@hanmail.net 홈페이지 | http://www.miral.co.kr

ISBN 978-89-6907-395-2　04230
ISBN 978-89-85602-48-8　（세트）

값 15,000원

※ 펴낸이의 허락 없이 이 책의 전체나 부분을 어떤 수단으로도 이용할 수 없습니다.